I0471249

Dead by Dawn

Sam Raimis Evil-Dead-Saga

Peter Osteried

1. Auflage
Copyright © 2013 Peter Osteried, Ismaninger Str. 136, 81675
München
www.peterosteried.com
Alle Rechte vorbehalten
Covergestaltung: Ultranox Media

Inhaltsverzeichnis

Vorwort

32 Jahre ist es her, seit TANZ DER TEUFEL im Kino debütierte. Obwohl damals ein großer Erfolg, haben im Lauf der Jahre doch mehr Menschen den Film zuhause auf Video und später DVD und Blu-ray als im Kino gesehen. Auch darum war es Sam Raimi ein Bedürfnis, mit EVIL DEAD ein Remake seines eigenen Films zu produzieren, weil er der Meinung ist, dass dies eine Gruselgeschichte ist, die man – in möglichst optimaler Form – im Kino sehen sollte. Als der Originalfilm entstand, konnte von „möglichst optimaler Form" gar keine Rede sein. Die Schauspieler waren Laien, das Budget äußerst winzig und die technischen Schwierigkeiten immens.

Mit Einfallsreichtum und Enthusiasmus haben Sam Raimi, Robert Tapert und Bruce Campbell jedoch einen Klassiker erschaffen, dem zu Recht das Label Kultfilm aufgedrückt werden darf.

Über all die Jahre hinweg lebte der Tanz der Teufel fort, erst mit zwei filmischen Fortsetzungen, dann mit Videospielen, schließlich auch mit Comics. Und nun wurde der schockierendste Film aller Zeiten mit einem Remake für eine neue Generation an Kinogängern flottgemacht.

Das Schöne dabei: Das Remake ist exzellent geworden, so dass der Tanz der Teufel gerade erst begonnen hat. Ein Sequel ist bereits in Planung. Und wer weiß, vielleicht treffen sich Ash und Mia irgendwann mal, um gemeinsam Deadites in den Arsch zu treten …

Sam Raimi

Samuel M. Raimi wuchs wie die meisten Kinder auf: in einer normalen, wohlbehaltenen Umgebung. Geboren wurde Sam, der die Kurzform seines Vornamens vorzieht, am 23. Oktober 1960 in Franklin, Michigan, nahe Detroit. Er war das zweitjüngste von fünf Kindern und interessierte sich schon früh für Film. Diese Leidenschaft teilte er mit seinem Bruder Ivan, mit dem zusammen er sich eine beachtliche Sammlung an Comics aufbaute. Diese Comics waren es auch, die seine späteren Filme beeinflussen sollten. Sowohl was den Aufbau einer Geschichte wie auch die „Kameraführung" bei den bunten Comic-Heften anging, stellten sie einen wichtigen Bestandteil in der Ausbildung von Raimis visueller Wahrnehmung dar.

Die Kinder der Familie Raimi kamen jedoch auch auf andere Art schon sehr schnell mit Film in Berührung. Ihr Vater Leonard war ein großer Fan des Mediums und liebte es, mit seiner Kodak-Kamera kleine Filme von familiären Anlässen wie Geburtstagen oder auch nur gemeinsamen Picknicks zu machen. Beruflich hatten Leonard, dem in Detroit ein Möbelgeschäft gehört, und seine Frau Celia, die mehrere Geschäfte für Damenunterwäsche betrieb, nichts mit Film zu tun, aber die leidenschaftliche Beschäftigung mit dem Medium hatte sich auch auf einige ihrer Kinder übertragen.

Im Alter von elf Jahren drehte Raimi mit der Kamera seines Vaters den ersten, eigenen Kurzfilm. Da ihm die alte Kodak-Kamera seines Vaters bald nicht mehr reichte, begann er zu sparen, um sich schließlich mit 13 eine eigene Kamera kaufen zu können. Zum Erwerb des ersehnten Kleinods musste Raimi eine Menge Laub im Garten zusammenrechen und Rasen mähen, aber die erste, eigene Kamera war alle Mühen wert.

Raimi und sein Bruder Ivan begannen, mit der Kamera zu experimentieren und versuchten immer wieder neue Möglichkeiten, wie man Aufnahmen gestalten konnte. Noch bevor er Bruce Campbell kennen lernte, drehte er eine Vielzahl von Kurzfilmen, die von der Komik der „Three Stooges" beeinflusst waren, scheute aber auch vor großen Bürgerkriegsepen nicht zurück, die er mit 50 Statisten – allesamt Kinder aus der Nachbarschaft – inszenierte.

Als Raimi zur Birmingham Groves High School kam, lernte er dort Bruce Campbell kennen. Beide wurden nach einem gemeinsamen, recht erbärmlichen Versuch als Pantomimen schnell Freunde und begannen, ihre eigenen Kurzfilme zu machen. Wie Raimi war auch Campbell kein unbelecktes Blatt, hatte er doch mit seinen Freunden Scott Spiegel und Josh Becker schon mehrere Filme gemacht.

Als Raimi 15 und sein Freund Campbell 16 Jahre alt waren, erhielten sie von ihren Eltern die Genehmigung, Filmunterricht bei Vern Nobles, einem auf Werbefilme spezialisierten Regisseur, zu nehmen. Neben dem Unterricht erhielt Raimi auch die Gelegenheit, als Produktionsassistent an verschiedenen Werbespots mitzuarbeiten und so erstmals ein echtes Filmset von innen kennen zu lernen.

An die Zeit bei Nobles erinnern sich sowohl Raimi als auch Campbell gerne, da beide dort sehr viel über die Art, wie man Filme macht, lernten und darüber hinaus aus erster Hand erfahren konnten, dass Disziplin eine Tugend ist, die man beim Filmemachen unbedingt beherrschen sollte.

Nach dem Abschluss der High School ging Raimi zur Michigan State Universität. Dort lernte er Robert Tapert kennen, der sich mit Ivan ein Zimmer teilte. Tapert war wie Raimi ein Filmbesessener, der sich nur zu gerne als Produzent von Filmen versuchen wollte. Das Triumvirat Raimi, Tapert, Campbell konnte einander bestens leiden und so begann man, zusammen an eigenen, kleinen Filmen zu arbeiten.

An der Universität studierte Raimi zwar Literatur, aber dem Film gehörte seine ganze Leidenschaft. So verwundert es nicht, dass er – nun mit vielen Freunden, die seine Leidenschaft teilten, gesegnet – an mehreren Kurzfilmen arbeitete, die auf dem College Campus aufgeführt wurden.

Ambitionierte Gehversuche

Das erste, wirklich ambitionierte Projekt des Teams war IT'S MURDER, eine Mischung aus Slapstick und Krimi. Die Geschichte war nicht besonders komplex. Es ging nur darum, dass ein Schurke einen an sich guten Burschen töten wollte, indem er dessen Drink vergiftet. Raimi ließ es sich nicht nehmen, die Rolle des Schurken selbst zu spielen, während sein armes Opfer von Scott Spiegel dargestellt wurde.

Um seinen Film möglichst vielen Leuten zugänglich zu machen, ließ Raimi von seinem Freund Tom Sullivan, der ein paar der Toneffekte von IT'S MURDER gemacht hatte, einen Flyer zeichnen, mit dem man für das Werk und dessen Aufführung am Campus der Michigan State Universität warb.

Mit diesem ersten Film, der einem Publikum außerhalb des Familien- und Freundeskreises von Raimi vorgeführt wurde, erkannte der Regisseur jedoch auch, dass seine Vorliebe für Slapstick heutzutage nicht mehr besonders gut ankam. Das brachte ihn dazu, etwas umzudenken, als er mit dem nächsten Kurzfilm begann. Aber nicht nur das war einer der Auslöser für den Prozess, in dessen Verlauf Raimi zum neuen Star am

Horrorfirmament werden sollte. Der Erfolg von HALLOWEEN (HALLOWEEN – DIE NACHT DES GRAUENS, 1978) hatte gezeigt, dass Horror im Moment wieder ganz groß war. Und eine der Stärken des Horrorfilms war von jeher, dass man selbst mit einem bescheidenen Budget passable Filme herstellen konnte. Zudem war eines klar: Eine missratene Komödie würde weniger Geld machen als ein missratener Horrorfilm, einfach aus dem Grund heraus, dass mit einem reißerischen Cover in den Videotheken noch Geld zu machen war.

Raimi und Tapert hatten HALLOWEEN im Kino gesehen und waren von dessen Qualität begeistert. Tapert fragte Raimi: „Sam, kannst Du einen Film machen, der so gut, vielleicht sogar besser ist?" Raimi war sich nicht sicher. Denn er hielt John Carpenters Erfolgsfilm für ziemlich gut.

Nachforschungen ergaben, dass viele Regiedebütanten mit einem Horrorfilm an den Start gegangen waren – und Filme wie TEXAS CHAINSAW MASSACRE (TEXAS CHAINSAW MASSACRE – BLUTGERICHT IN TEXAS, 1974)oder NIGHT OF THE LIVING DEAD (DIE NACHT DER LEBENDEN TOTEN, 1968) hatten gigantische Gewinne eingefahren.

Das nächste Raimi-Werk hieß CLOCKWORK und erzählte von einem ruchlosen Serienkiller, der in das Haus einer reichen Frau eindringt und versucht, sie um die Ecke zu bringen. Für die Hauptrolle wählte Raimi Scott Spiegel, dem seine Arbeit sichtlich Spaß machte. Für die Aufnahmen wurden Räume auf dem Campus der Michigan State Universität gemietet. Da Raimi schon wusste, dass einiges an Geschrei bei den Dreharbeiten vorkommen würde, ließ er die Wände abdichten, indem er Matratzen an ihnen anbrachte, aber alle Bemühungen scheiterten: Das Geschrei seiner Hauptdarsteller war nach wie vor zu laut und missfiel den hohen Herren der Universität, die Raimi und seine Crew flugs aus den gemieteten Räumen entfernen ließen.

Das hielt Raimi jedoch nicht auf und so stellte er seinen vorletzten Kurzfilm zu Ende. Nachdem CLOCKWORK seine Campusaufführung erlebt hatte, reifte in Raimi die Entscheidung, von der Universität abzugehen und es als Regisseur zu versuchen. Er wollte im Filmgeschäft Erfolg haben. Die Frage war nur, wie sich das am besten anstellen ließ.

Raimi, Tapert und Campbell erkannten, dass sie am besten in die Welt des Films einbrechen konnten, wenn sie einen eigenen Film produzierten, der zeigte, was in ihnen steckte. Das Problem war nur, dass ein solcher Film natürlich auch einiges an Geld kostete. Man kratzte 1.600 Dollar zusammen, um damit den Kurzfilm WITHIN THE WOODS zu drehen, der als Prototyp des von dem Team anvisierten Horrorfilms dienen sollte. Innerhalb eines Wochenendes wurde der Film fertig gestellt, woraufhin man ihn benutzte, um mögliche Investoren zu gewinnen.

Mit WITHIN THE WOODS machten sich Raimi und Konsorten – nun schon vereint in der eigenen Produktionsfirma Renaissance Pictures – daran, das Geld für „Book of the Dead", aus dem später THE EVIL DEAD (TANZ DER TEUFEL, 1982) werden sollte, aufzutreiben. Dabei geriet Raimi auch an zwei gerissene Kredithaie, die ihm zwar anboten, dringend benötigtes Geld zur Verfügung zu stellen, jedoch damit drohten, dass, wenn sie ihr Geld nicht zurückbekommen würden, sie ihm die Beine brechen würden. Da Raimi das Geld wirklich brauchte, akzeptierte er und meinte salopp, er könne auch mit gebrochenen Beinen Filme machen. Das schien die potentiellen Geldgeber zu verunsichern, weswegen sie ihre Drohung dahingehend änderten, dass sie ihm die Augen ausbrennen würde, sollten sie ihr Geld verlieren. Da Raimi blind tatsächlich keinen Film mehr machen konnte, waren die beiden netten Herren die einzigen Investoren, bei denen er dankend ablehnte.

Während die Dreharbeiten zu THE EVIL DEAD gerade einmal knappe drei Monate verschlangen, dauerte die Nachbearbeitung deutlich länger. So zog sich die Premiere des Films bis zum Jahr 1981 hin, als er in Michigan das erste Mal aufgeführt wurde.

Die Suche nach einem Verleiher verlief jedoch äußerst schleppend. Keiner war bereit, den kleinen Horrorfilm in sein Programm zu nehmen. Der Verzweiflung nahe, reiste Raimi mit Hilfe von Irvin Shapiro nach Cannes, um seinen Film dort vorzustellen. Eine glückliche Fügung des Schicksals wollte es schließlich, dass er dort auf Stephen King traf, der gerade Werbung für CREEPSHOW (DIE UNHEIMLICH VERRÜCKTE GEISTERSTUNDE, 1982) machte. Es gelang Raimi, King dazu zu bringen, sich den Film anzusehen, woraufhin dieser eine glühende Besprechung schrieb, aus der Raimi zitieren durfte. Und da der King des Horrors den Film für gut befunden hatte, war es kein großes Problem mehr, einen Verleiher zu finden. Umso mehr, nachdem sich THE EVIL DEAD in Großbritannien als das bestverliehene Video jener Zeit herausstellte.

Die Dreharbeiten von THE EVIL DEAD waren eine fruchtbare Zeit, in der die drei Freunde endgültig lernten, was sie brauchten, um im Filmgeschäft durchzukommen. Am Ende vergruben sie eine kleine Zeitkapsel im Keller der Hütte, in der sich kleine Nachrichten, Props und dergleichen befanden. „Und Bruce und ich", so erinnert sich Tapert, „nahmen die Schrottflinte und etwa hundert Kugeln und haben jedes übrig gebliebene Prop zerschossen. Wir haben's richtig krachen lassen."

Mit dem Hit in der Hinterhand, konnte sich Raimi nun anderen Projekten zuwenden, obwohl sich schnell zeigte, dass der Erfolg seines Erstlings ihm nicht unbedingt Tür und Tor in Hollywood öffnete. Darum besann er sich darauf, zunächst mit seinen Freunden Joel und Ethan Coen, die – nachdem er schon in Los Angeles lebte – nun bei ihm einzogen, während sie versuchten, einen Verleiher für ihren Erstling BLOOD SIMPLE (BLOOD SIMPLE – EINE MÖRDERISCHE NACHT, 1984) zu finden, an einem Projekt zu arbeiten. Das Ergebnis war CRIMEWAVE (DIE KILLER-AKADEMIE, 1985), eines von zwei Drehbüchern, die die drei schrieben. Während THE HUDSUCKER PROXY (HUDSUCKER – DER GROßE SPRUNG, 1994) noch einige Zeit im Schrank der Coens liegen bleiben sollte, bis sie sich dieses Films annahmen, ging CRIMEWAVE schnell in Produktion, wobei Raimi auch feststellen musste, dass eine Studioproduktion keinen Vergleich zu der Freiheit zuließ, die er bei THE EVIL DEAD genossen hatte. Von Anfang an mischte sich das produzierende Studio Embassy ein und gab seinen Senf dazu, wie der Film schließlich aussehen sollte.

Das Endergebnis gefiel niemandem mehr. Raimi und die Coens hatten einen kleinen Kultfilm geschaffen, aber genau das war etwas, das Embassy nicht wollte. Die Firma fühlte sich zu groß, um noch derart spezielle Filme zu machen, weswegen man begann, ihn heftig umzuschneiden und mehr dem Mainstream anzupassen. Da das vorliegende Material jedoch nie dazu gedacht war, massenkompatibel zu sein, konnte auch aus diesem Studioschnitt nichts Besonderes werden. Das Ergebnis war ein katastrophaler Flop, der Raimi dazu veranlasste, als nächstes Projekt EVIL DEAD II (TANZ DER TEUFEL 2 – JETZT WIRD NOCH MEHR GETANZT, 1987) anzusetzen. Nicht, weil er die Geschichte von Ash unbedingt weitererzählen wollte, sondern weil er einen Film machen wollte. Und in seiner Position war es am leichtesten, für ein Sequel des erfolgreichen Erstlings einen Geldgeber aufzutreiben.

Die Teufel tanzen wieder

Der fand sich schließlich in Dino DeLaurentiis, der Raimi knappe vier Millionen Dollar gab und den Regisseur walten ließ, wie er wollte. Von der Vorgabe, dass der Film ein R-Rating brauchte, um erfolgreich in den Kinos zu laufen, abgesehen, wartete DeLaurentiis auf das Ergebnis und mischte sich nicht weiter ein. Mit beinahe zehnmal so viel Budget wie der Erstling konnte Raimi einen Film inszenieren, der zwar eigentlich nur ein Remake und keine Fortsetzung war, jedoch Spaß, Horror und Schrecken noch gekonnter vermischte als sein Vorgänger und schnell in den Kultstatus aufstieg. Das Drehbuch hatte Raimi mit Scott Spiegel geschrieben, nachdem eine erste Fassung, die zusammen mit Sheldon Lettich entstand, viel zu teuer geworden wäre.

Das von DeLaurentiis geforderte R-Rating verfehlte der Film jedoch. Was Raimi dann ablieferte, war eigentlich eher ein X, doch DeLaurentiis mochte den Film – und er brachte ihn Unrated in die Kinos.

Raimis nächstes Projekt war wieder eine Studioproduktion, bei der Universal dahinter stand. DARKMAN (DARKMAN – DER MANN MIT DER GESICHTSMASKE, 1990) war jedoch auch eine Geschichte, bei der nicht Gewalt und Gore im Vordergrund stand, sondern vielmehr Raimis Vorliebe für Comics Geltung getragen wurde.

DARKMAN ist eine Geschichte, die mit einem Superhelden aufwartet, der buchstäblich einem Comic entsprungen sein könnte. Ironischer weise gibt es zu

DARKMAN keine Comic-Vorlage, aber der Film selbst kommt dem, was man als eine Comic-Verfilmung bezeichnen würde, am nächsten. DARKMAN war kein großer Erfolg, aber auch kein absoluter Flop. Er schwamm irgendwo im Mittelfeld mit und generierte später immerhin zwei Sequels, die direkt auf Video erschienen. Eine angedachte Fernsehserie kam über die Pilotfolge jedoch nicht hinaus.

Vor kurzem erlebte die Figur eine kleine Renaissance, denn nach den erfolgreichen Comics zu ARMY OF DARKNESS brachte der amerikanische Verlag Dynamite auch eine neue Miniserie zu DARKMAN auf den Markt. Und zum Auftakt gab es gar ein Crossover, bei dem Ash und Darkman einander begegnen.

Raimi war natürlich klar, dass Darkman an „Der Glöckner von Notre Dame" erinnerte. „Als er zum Verbrechensbekämpfer wird, ähnelt er mehr Batman". erklärt Raimi. „Ein Mann ohne Superkräfte, der gegen das Verbrechen kämpft. Durch seine Entstellung gleicht er darüber hinaus dem Phantom der Oper, jener Kreatur, die das Mädchen will, aber zu sehr Monster war, um sie jemals haben zu können."

Zu jener Zeit begann Raimi auch vermehrt, Angebote für große Studioproduktionen zu bekommen, da man offensichtlich erkannt hatte, dass der Regisseur über ein Talent verfügte, dass auch abseits des Kultfilms die Kassen zum Klingen bringen konnte. Eines der Projekte war THE FLY II (DIE FLIEGE II, 1989), von dem sich Raimi jedoch zurückzog, da er mit der vom Studio veranschlagten Vorgehensweise nicht zufrieden war. Zwar war von vornherein klar, dass es eine „Sohn der Fliege"-Geschichte werden sollte, aber Raimi stellte sich den Film ganz anders vor. Bei ihm sollte ein Mann, der die Größe einer Fliege hat, gegen eine gigantische

Fliege kämpfen, die er in den Teleporter bekommen muss, um so seine eigene Größe wiederherzustellen. Die Geschichte zeigt, dass Raimi ein Fan von Jack Arnolds THE INCREDIBLE SHRINKING MAN (DIE UNGLAUBLICHE GESCHICHTE DES MR. C, 1957) ist, in dem ein ständig schrumpfender Mann schließlich sogar gegen eine gefährlich-riesige Spinne antreten musste.

Da die Produzenten jedoch eine etwas andere Geschichte sehen wollten, sah sich Raimi lieber nach einem anderen Projekt um. Ein solches hätte auch ROBOCOPII (ROBOCOP II, 1990) sein können, für den Raimi im Gespräch war. Angesichts des enttäuschenden Ergebnisses, das trotz routinierter Regie von Irvin Kershner nur ein fahles Abbild des Originals war, hätte man sich Raimi im Regiestuhl gewünscht. Die Arbeit mit einer den Comics entliehenen Figur verstand er offensichtlich bestens, wie nicht nur Darkman, sondern auch Ash bestens belegten.

Ashs drittes Abenteuer

Da Universal mit DARKMAN jedoch sehr zufrieden war, war man auch gerne bereit, einen dritten Teil von THE EVIL DEAD zu produzieren, wobei es allerdings ein paar Bedingungen gab, die einzuhalten waren. Zum einen musste der Film natürlich ein R-Rating haben, zum anderen sollte man ihn unabhängig von den Vorgängern sehen können, wobei auch ein anderer Titel, der den Bezug zu den Vorgängern vermissen ließ, vorgezogen wurde.

Dachte Raimi ursprünglich an „The Medieval Dead" wurde schließlich ARMY OF DARKNESS (ARMEE DER FINSTERNIS, 1993) daraus. Dass der Film weniger härter ausfiel als seine Vorgänger störte den

Regisseur wenig, denn diesmal wollte er ohnehin etwas mehr Wert auf den Slapstick-Gehalt der Geschichte legen.

Interessant an ARMY OF DARKNESS ist das Ende. Raimi hatte dem Studio einen Film abgeliefert, an dessen Ende Ash richtig am Arsch ist, denn er ist in einer verheerten Zukunft angekommen. Universal mochte das Ende jedoch nicht und forderte ein neues.

„Wir drehten das neue Ende in nur zwei Tagen, um ihnen zu geben, was sie wollten. Im Grunde mag ich es, dass es zwei Enden gibt, das eine in einem alternativen Universum, in dem es Ash an den Kragen geht, und das andere, in dem er ein etwas lächerlicher Held ist", erinnert sich Raimi.

An der Kinokasse enttäuschte der Film weswegen Pläne für eine mögliche Fortsetzung, die durch das Ende des Films natürlich nahe gelegt wird, schnell begraben wurden. Der Film war teuer, er spielte nicht recht viel Geld ein, und damit war das Thema erledigt. Raimi war ohnehin bereit, zu neuen Ufern aufzubrechen. Ein solches fand er in dem Western THE QUICK AND THE DEAD (SCHNELLER ALS DER TOD, 1995), bei dem er Sharon Stone als namenlose Fremde und damit als weiblichen Clint Eastwood vergangenes Unrecht rächen ließ. Raimi war nicht die Wunschbesetzung für den Regieposten, doch aus der Liste potenzieller Regisseure, die man Sharon Stone vorgelegt hatte, hatte sie sich für ihn entschieden, da sie seine dynamische Inszenierung liebte und erkannt hatte, dass er sich kontinuierlich von Film zu Film weiterentwickelte. Sie wollte den Film machen, aber nur mit Raimi als Regisseur.

Innerhalb des damals für kurze Zeit wiederauferstandenen Western-Genres überzeugte THE QUICK AND THE DEAD mehr durch den visuellen Einfallsreichtum seines Regisseurs als durch die

Geschichte, die man so oder in ähnlicher Form schon
unzählige Male gesehen hatte.

Aufbruch zu neuen Ufern

Nach diesem hauptsächlich formal interessanten Western
dauerte es wieder mehrere Jahre bis man einen neuen
Film von Sam Raimi zu sehen bekam. Das lag zum einen
auch daran, dass er sich einige Zeit mit einem Projekt
beschäftigte, aus dem er sich schließlich wieder
zurückzog. JACK FROST (JACK FROST, 1998) ist die
phantastische Komödie eines Musikers, der seine Familie
vernachlässigt, aber nach seinem Tod als Schneemann
zurückkehrt, um seinem Sohn ein letztes Mal ein Vater zu
sein.

Das ursprüngliche Drehbuch für diesen Film war
von Sam und Ivan Raimi umgeschrieben worden, aber
künstlerische Differenzen mit dem produzierenden Studio
Warner Bros. führten schließlich dazu, dass sich Raimi
aus dem Projekt zurückzog. Im Nachhinein kann man
wohl nur froh darüber sein, denn auch wenn ein JACK
FROST von Raimi anders ausgesehen hätte als das
letztendliche Ergebnis, wäre der Film doch durch seine
zuckersüße Art bestimmt worden.

Statt JACK FROST übernahm Raimi nun von
Regisseur John Boorman, der seinerseits mit dem Projekt
nicht zufrieden war, den exzellenten Thriller A SIMPLE
PLAN (EIN EINFACHER PLAN, 1998), der auf einem
Roman von Scott B. Smith beruht. Darin geht es um die
moralische Frage, ob man gefundenes Geld einfach
behalten darf. Raimi zeigte mit A SIMPLE PLAN, dass
er sich als Regisseur enorm weiterentwickelt hatte.

Noch immer fand er Gelegenheit für sehr schöne
Kamerapassagen, aber im Großen und Ganzen stellte er
den visuellen Look des Films der Geschichte unter.

Damit schuf Raimi einen höchst spannenden, gleichzeitig jedoch auch sehr ruhigen Film, der einen Meilenstein in der Karriere des Regisseurs darstellt.

Ähnliche Wege beschritt er mit dem im darauf folgenden Jahr veröffentlichen Drama FOR LOVE OF THE GAME (AUS LIEBE ZUM SPIEL, 1999), das weniger seinem Stil entsprach, sondern vielmehr von der Geschichte leben wollte. Gerade die war jedoch etwas langweilig und wurde nur vom überzeugenden Spiel des Hauptdarstellers Kevin Costner getragen.

Raimi ist jemand, dessen Leben der Beschäftigung mit Film vorbehalten ist. Er bezeichnete sich selbst einmal als Einsiedler, da er es am meisten genießt, sich mit Filmen zu beschäftigen. Dementsprechend verbringt er viel Zeit damit, Drehbücher zu schreiben, Studios abzuklappern, um eine Finanzierung aufzustellen oder sich im Schneideraum zu verkriechen.

Eine andere Karriere, die Raimi neben seiner Arbeit als Regisseur anging, war die des Produzenten. Wie bei seinem Freund Bruce Campbell, der auch mehr zufällig ins große Fernsehgeschäft gestolpert ist, sollte sich dies auch bei Raimi, seinem Partner Robert Tapert und der gemeinsamen Firma Renaissance Pictures ergeben.

Alles begann mit M.A.N.T.I.S. (M.A.N.T.I.S., 1994), einem Fernsehfilm für das Network Fox, das auf der Suche nach neuen, aufregenden Serien für sein Programm war. Da man es auch mit einem Superhelden versuchen wollte, lag kaum etwas näher, als sich an Sam Raimi zu wenden, der mit DARKMAN bewiesen hatte, dass ihm das Metier lag. Zusammen mit Sam Hamm, dem Drehbuchautoren von BATMAN (BATMAN, 1989), entwickelte Raimi den Superhelden M.A.N.T.I.S., der auch in Serie ging, wenngleich diese nicht wie der

Fernsehfilm von Erfolg gekrönt war. Damit hatte Raimi jedoch einen Fuß in die Tür zum Fernsehen bekommen und da man der Serie nicht vorwerfen konnte, sie sei wegen der Arbeiten ihrer Ausführenden Produzenten Raimi und Tapert über den Jordan gegangen, gab es auch kein Hindernis, weiter in diesem Bereich zu arbeiten.

Der große Fernseherfolg stellte sich 1994 mit den HERCULES-Filmen ein, die zuerst als Auftragsarbeit für Raimi und Tapert begannen, jedoch bald zu mehr wurden. Beide beschäftigen sich mit den Filmen und der darauf folgenden Serie, die schließlich sogar den Spin-off XENA: WARRIOR PRINCESS (XENA – DIE KRIEGERPRINZESSIN) generierte. Damit waren beide Männer als Erfolgsproduzenten des Fernsehens gezeichnet, was natürlich zu weiteren Produktionen führte.

Die verrückte Agentenserie SPY GAME (1997), an deren Erfindung Raimi beteiligt war, erwies sich jedoch ebenso als Flop wie die hoch ambitionierte Horrorserie AMERICAN GOTHIC (AMERICAN GOTHIC, 1995), die von vielen Fernsehkritikern als eine der Sternstunden des phantastischen Fernsehens der 90er Jahre angesehen wird.

Der Misserfolg so mancher Serie hatte jedoch keine Auswirkungen auf die weiteren Fernsehumtriebe, die Renaissance Pictures machte, wobei nach einem weiteren HERCULES-Spin-Off, in dem die Abenteuer des jungen Recken erzählt wurden, die neuesten Serienkinder JACK OF ALL TRADES und CLEOPATRA 2525 (CLEOPATRA 2525) waren, denen jedoch kein langes Leben beschieden war.

Später produzierte Raimi in Neuseeland die Fantasy-Serie LEGEND OF THE SEEKER (LEGEND OF THE SEEKER – DAS SCHWERT DER WAHRHEIT). Die 2008 gestartete Serie brachte es auf zwei Staffeln. Deutlich erfolgreicher gestaltete sich SPARTACUS (SPARTACUS), das nach drei Staffeln und einem Spin-off im Jahr 2013 auf Wunsch der Produzenten, nicht wegen Quotenschwund, beendet wurde.

Raimi engagiert sich auch im Kino als Produzent. Mit der eigenen Firma Ghost House Pictures setzt er vor allem auf Genre-Produktionen. THE GRUDGE (THE GRUDE – DER FLUCH, 2004) war ein enorm erfolgreiches Remake des japanischen Gruselfilms und spielte bei Produktionskosten von nur zehn Millionen Dollar ein Zehnfaches davon ein. Weitere Teile folgten. Ghost House Pictures blieb darüber hinaus nicht untätig. Mit BOOGEYMAN (BOOGEYMAN – DER SCHWARZE MANN, 2005) erzielte man ebenfalls einen Erfolg, auch wenn der Film weit weniger effektiv war und eher sanftes Gruseln für Kids und Teenager bereithielt, denn alles andere. Sequels wurden dann für den DVD-Markt produziert.

Weitere Produktionen von Ghost House Pictures sind die Comic-Verfilmung 30 DAYS OF NIGHT (30 DAYS OF NIGHT, 2007), basierend auf dem gleichnamigen Comic von Steve Niles und Ben Templesmith, der die geniale Idee von Vampiren nutzt, die während des langen Winters in der Antarktis ihr Unwesen treiben, THE MESSENGERS (THE MESSENGERS, 2007) mit Kristen Stewart und POSSESSION (POSSESSION – DAS DUNKLE IN DIR, 2012). Außerdem arbeitet man an einem Remake von POLTERGEIST (POLTERGEIST, 1982).

Lange versuchte man auch, ein Remake von THE EVIL DEAD, das natürlich ohne Bruce Campbell auskommen musste, zu produzieren. Verschiedene Regisseure wurden immer wieder genannt, so der Independent-Filmer Dante Tomaselli, der jedoch so wilde

Ideen hatte, wie man den Film angehen sollte, dass sich die Wege wieder trennten. Zeitweise gab es auch das Gerücht, Raimi hätte für den Job gerne Park-Chan Wook, das südkoreanische Ausnahmetalent, das mit Werken wie BOKSUNEUN NAUI GEOT (SYMPATHY FOR MR. VENGEANCE, 2002) und OLDEUBOI (OLDBOY, 2003) ein paar der eindringlichsten Filme der letzten Jahre erschaffen hat.

Der Tritt vor die Kamera

Die Pflichten und Freuden eines Regisseurs und Produzenten sind aber längst nicht genug, um jemanden wie Sam Raimi, der Film am liebsten lebt und atmet, vollständig auszufüllen. Von jeher sah er es als ganz großes Vergnügen an, immer wieder mal vor die Kamera zu steigen, auch wenn er selten größere Rollen gespielt hat.

Diese Vorliebe, „seinen hässlichen Schädel vor die Kamera zu recken", wie er selbst meinte, pflegte er schon seit den Tagen seiner Kurzfilmzeit. Als Kind blieb oft gar keine andere Möglichkeit, da einfach nicht genug Leute bei seinen Filmen mitmachten, weswegen er selbst auch vor die Kamera musste. Diese Tradition führte er später weiter, spielte den Killer in IT'S MURDER und war zusammen mit Robert Tapert am Anfang von THE EVIL DEAD am Straßenrand zu sehen. Obwohl in den Stabsangaben nicht aufgeführt, beschreibt Raimi die beiden Rollen als die der Dorftrottel.

Seine einzige wirklich große Rolle spielte er in THOU SHALL NOT KILL … EXCEPT (DU SOLLST NICHT TÖTEN, AUSSER…, 1985), der unter der Regie von Josh Becker entstand. An diesem kleinen Film waren praktisch alle Freunde von Raimi beteiligt, so dass es ihm besonders große Freude machte, den wahnsinnigen Guru zu spielen, der Leute aus reiner Jux und Dollerei heraus abschlachtete. Wie sehr es Raimi genoss, hier mitzuspielen, zeigte schon das herrliche Grimassieren, mit dem er den Guru charakterisierte.

Von diesem Film abgesehen, war Raimi jedoch nie in größeren Rollen zu sehen, sondern verdingte sich vor allem in Cameo-Auftritten. So geschehen in der von John Landis inszenierten Komödie SPIES LIKE US (SPIONE WIE WIR, 1985), bei der der Regisseur gerne – wie schon öfters bei seinen Filmen – Kollegen für kurze Cameo-Auftritte haben wollte und sich deswegen an die Coen-Brüder wandte. Joel war auch gerne dazu bereit, aber da sein Bruder Ethan den Auftritt zeitlich nicht einrichten konnte, schlug er Sam Raimi vor, mit dem Landis auch gerne vorliebnahm.

Raimi wiederum fand es aufregend, Landis bei der Arbeit zuzusehen, wobei sie nach beendigtem Arbeitstag zusammen mit Tobe Hooper, der ebenfalls einen Kurzauftritt absolvierte, noch ins Kino gingen. Mit John Landis und Tobe Hooper, der immerhin THE TEXAS CHAINSAW MASSACRE, gedreht hatte, dessen Geschäftsmodell Raimi zu THE EVIL DEAD inspiriert hatten, ins Kino zu gehen, war für Raimi wie ein wahr gewordener Traum.

Im Verlauf der Jahre war Raimi immer wieder bereit, kurze Cameo-Auftritte zu machen, wobei dies nicht nur für Filme der Coen-Brüder oder jenen, in denen Bruce Campbell mitspielte, gilt, sondern auch für kleine und obskure SF-Filme wie GALAXIS (TERMINAL FORCE, 1995). Natürlich ließ er es sich aber auch nicht nehmen, seine Auftritte bei EVIL DEAD II und ARMY OF DARKNESS komplett zu machen. Während er beim zweiten Teil am Ende als einer der Ritter zu sehen ist, stürmte er als Teil der Armee der Finsternis zusammen mit anderen Skeletten und Untoten die Festung.

Eine weitere Betätigung des Raimischen Schaffens ist das Schreiben von Drehbüchern, dem er früher nicht nur für seine eigenen Filme frönte, sondern sich auch bei anderen Projekten beteiligte. Ein frühes Werk ist EASY WHEELS (GIRLS GANG, 1990), bei dem er unter dem Pseudonym Celia Abrams aktiv wurde. Darin geht es um eine Motorradgang namens „Die geborenen Verlierer", die sich aufmacht, nach entführten Babys zu suchen.

Wie sich zeigt, wurden diese von den „Wölfinnen", wahren Motorrad-Furien, entführt, um sie als Teil eines Frauenstaates aufzuziehen. Alles in allem ein wilder kleiner Film, der auch über den typischen Raimi-Humor verfügt, filmisch jedoch nicht allzu viel hermacht.

Eine schwere Enttäuschung für alle Beteiligten war die Slapstick-Komödie THE NUTT HOUSE (DIE TOTAL BEKNACKTE NUSS, 1992), bei der Raimi und Bruce Campbell das Drehbuch schrieben, sich schließlich aber hinter Pseudonymen versteckten, weil das Ergebnis nicht dem entsprach, was sie sich vorgestellt hatten. Wer jedoch nur nach einem richtig blöden Film sucht, der gerade deswegen schon wieder Spaß macht, und wer schon immer eine Hommage an Laurel und Hardys BATTLE OF THE CENTURY (1927) mit der größten Kuchenschlacht aller Zeiten sehen wollte, der sollte sich an diesem Film durchaus versuchen.

Weit befriedigender war da für Raimi die Arbeit an THE HUDSUCKER PROXY, die größtenteils schon an einem sehr frühen Zeitpunkt seiner Karriere stattfand. Als die Coens schließlich das immerhin 25 Millionen Dollar hohe Budget zusammengebracht hatten, welches auch nötig war, um den Zeitgeist der 50er Jahre neu zu erwecken, war Raimi sofort bereit, sich auch in weiteren Funktionen an dem Film zu beteiligen. So übernahm er die Regie der Second Unit und zeichnete für die berühmte Hula-Hoop-Szene verantwortlich.

Im Jahr 2000 kehrte Raimi zu einem phantastischen Stoff zurück. Das Projekt: THE GIFT (THE GIFT – DIE DUNKLE GABE), ein übernatürlicher Thriller, in dem es um eine Frau geht, die über übersinnliche Wahrnehmung verfügt und bei der Suche nach einem verschwundenen Mädchen hilft. Diese mit zehn Millionen Dollar Budget recht bescheidene Produktion verfügt über ein Drehbuch von Billy Bob Thornton, das zusammen mit dem klangvollen Namen Raimi einige sehr gute Schauspieler anlocken konnte. Neben Cate Blanchett sind auch AMERICAN GOTHIC-Star Gary Cole und die mit der Serie DAWSON'S CREEK bekannt gewordene Katie Holmes mit dabei sein.

Der Besetzungscoup schlechthin war jedoch Keanu Reeves, der von der Rolle so angetan war, dass er sie sogar für Minimum-Gage übernahm. Und das überrascht nicht, ist sein Part doch einer, der ihm die Möglichkeit gibt, einmal in eine ganz und gar andere Richtung zu gehen.

Aufstieg zum Superstar

Obwohl nichts dafür sprach, sollte sein nächstes Projekt der Aufstieg ins Pantheon der Regisseure werden, vergleichbar nur mit dem noch glanzvollerem Erfolg, den Peter Jackson mit seiner DER HERR DER RINGE-Trilogie erlebte. Sam Raimi sollte SPIDER-MAN (SPIDER-MAN, 2002) inszenieren.

Eine Verfilmung des Marvel-Comics, der von Stan Lee und Steve Ditko entwickelt wurde, war seit vielen Jahren geplant. Schon seit dem Erfolg von BATMAN im Jahr 1989 wollte das Studio immer wieder den Spinnenmann ins Kino bringen, doch eine verzwickte

Rechtslage und zu erwartende FX-Probleme bei der Umsetzung sorgten für eine lange Genese. Über viele Jahre hinweg war James Cameron für diesen Film im Gespräch. Der Ausnahmeregisseur hatte sogar schon ein Drehbuch und den seinerzeit noch jungen Michael Biehn für die Hauptrolle ins Auge gefasst. Doch Cameron verließ das Projekt und ein neues Drehbuch wurde von David Koepp geschrieben.

Für die Regie warf man ein Auge auf Raimi, der nicht zuletzt mit DARKMAN gezeigt hatte, dass er es virtuos verstand, einen Superhelden ins rechte Licht zu rücken. Und dass gerade das von nicht unwesentlicher Bedeutung für Spider-Man war, versteht sich, denn der Held schwingt sich am eigenen Netz durch die Hochhäuserschluchten von New York, was für niemals dagewesene Bilder herhalten sollte.

Raimi und sein Autor David Koepp halten sich sehr eng an die Comic-Vorlage und modernisieren die Geschichte nur dort, wo es notwendig und sinnvoll ist. Mit dem gebührenden Respekt vor der Vorlage wird hier ein Garn gesponnen, das zeigt, wie Peter Parker vom Jungen zum Mann und schließlich zum Spider-Man wird. Dabei lässt sich der Film Zeit, bevor er Spider-Man im Kostüm präsentiert, porträtiert Peter Parker und sein Leben, wodurch der Tod des geliebten Onkels umso drastischer nachwirkt.

Doch nicht nur in der Zeichnung der Figuren brilliert der Film, sondern auch in dem, was einen Superheldenstoff nun einmal ausmacht: den Kämpfen. Die Fights zwischen Spider-Man und Green Goblin sind dynamisch, voller Energie und bisweilen sogar brutal. Hier treffen zwei Kontrahenten aufeinander, die das Schicksal zueinander geführt hat.

Für die Hauptrolle holte Raimi Tobey Maguire, weitere Parts wurden mit Willem Dafoe und Kirsten

Dunst besetzt. In einer Nebenrolle ist J.K. Simmons zu sehen, der bereits bei THE GIFT mit dabei war. Und damit wird einmal mehr gezeigt, dass Raimi gerne auf ihm bekannte Gesichter zurückgreift wie in der Vergangenheit auch schon des Öfteren mit z.B. Gary Cole geschehen.

Die Welt war gespannt auf SPIDER-MAN, doch den Erfolg, den der Film erlebte, hätte niemand voraussehen können. Er brach den Einspielrekord des ersten Wochenendes und brachte es in den USA auf über 400 Millionen Dollar. Etwas mehr als das wurde auch im Rest der Welt eingenommen. Und die DVD sorgte für zusätzlich volle Kassen.

Ein zweiter Teil war schnell beschlossene Sache und Raimi arbeitete mit Hochdruck an SPIDER-MAN 2 (SPIDER-MAN 2, 2004), der nur zwei Jahre später in die Kinos kam und die Geschichte fortsetzte, einen neuen Gegner präsentierte – dieses Mal ist es Doktor Octopus – und alles für den Abschluss der Trilogie vorbereitete. Längst war klar, dass die ersten drei Filme der Figur Spider-Man einen großen, in sich schlüssigen Bogen ergeben sollten. Beim zweiten Teil konnte Raimi noch mehr aus dem Vollen schöpfen und hatte ein Budget von 200 Millionen Dollar zur Verfügung.

Der dritte Teil sollte der krönende Abschluss der Trilogie werden, war finanziell immens erfolgreich, als Film jedoch höchst enttäuschend. Das lag auch daran, dass das Studio Einflussnahme betrieb, die angesichts der Erfolge, die Raimi mit den vorherigen Filmen hatte, völlig unangemessen war. So bestand das Studio darauf, dass Venom der Schurke wird, da dieser bei den Comic-Fans sehr beliebt war. Raimi wollte jedoch nur den Sandman, da er sich vor allem für die Spider-Man-Phase interessiert, in der er selbst Comics las – und Venom gab es da noch nicht.

So waren zwei Kräfte am Werk: Das Studio, das seinen Willen durchsetzen wollte, und Raimi, der einen Film nach seinem Geschmack drehen wollte. Letzten Endes konnte der Film weder dem einen noch dem anderen entsprechen.

Nichtsdestotrotz hatte Raimi danach noch Pläne, auch einen vierten Film zu drehen und hatte mit der Entwicklung begonnen. Er wollte die Black Cat in den Film einbringen, dann wurde das Projekt jedoch auf Eis gelegt und Sony entschied, anstatt eines vierten Teils einen Reboot der Serie zu beginnen. Ein Unterfangen, das wohl vor allem deshalb zustande kam, weil man mit neuem Regisseur und neuen Stars die Kosten immens drücken konnte.

Rückkehr zu den Wurzeln

Sieht man vom milden übernatürlichen Aspekt in Sam Raimis THE GIFT ab, dann war ARMY OF DARKNESS der letzte Film des Regisseurs, der dem Horrorgenre zuzurechnen ist. 17 Jahre vergingen, seit Ash gegen Deadites kämpfte. Und Sam Raimi war in der Zwischenzeit Dank der Spider-Man-Trilogie zu einem der erfolgreichsten Filmemacher unserer Tage aufgestiegen. Mit DRAG ME TO HELLkehrte er zu seinen Wurzeln zurück.

Das Drehbuch entwickelte Raimi zusammen mit seinem Bruder Ivan. Dass Sam auf dem Regiestuhl Platz nahm, war in gewisser Weise eine Überraschung, denn den größeren Teil des letzten Jahrzehnts hat er damit verbracht, den Spinnenmann filmisch umzusetzen. Dass er sich nun auf seine Anfänge besann (die er, das muss man fairerweise sagen, als Produzent nie verlassen hat), war für seine Fans der ersten Stunde ein Ereignis.

Die Dreharbeiten für DRAG ME TO HELL (DRAG ME TO HELL, 2009) starteten am 31. März 2008. Man wollte sich auf jeden Fall beeilen und den Film inklusive Nachdrehs von Kleinigkeiten wie Inserts im Kasten haben, denn ein Streik der Schauspieler war im Bereich des Möglichen und hätte Hollywood wohl wieder über Monate lahm gelegt. Zwar kam es dazu nicht, da sich die Schauspielgewerkschaft mit den Produzenten einigte, aber eine effiziente und schnelle Umsetzung ist ohnehin nie verkehrt. Für die Hauptrolle war Ellen Page vorgesehen, musste jedoch aus Zeitgründen absagen. Als Ersatz für sie fand Raimi die sehr überzeugende Alison Lohman.

Mit der Nachproduktion ließ sich Raimi Zeit. Erste Ausschnitte wurden Ende 2008 auf einer Comic-Con gezeigt. Der Film, der wie seine frühen Horrorstreifen, Grusel und Slapstick miteinander vereint, wurde mit einem überschaubaren Budget von 30 Millionen Dollar produziert und war dadurch auch erfolgreich.

Danach kehrte Raimi zum großen Hollywood-Kino zurück. Er inszenierte den fabelhaften Märchenfilm OZ THE GREAT AND POWERFUL (DIE FANTASTISCHE WELT VON OZ, 2013). Von 1900 bis 1920 erschienen 17 Romane von L. Frank Baum, die in Oz spielen, die letzten zwei davon posthum. In den USA sind die Oz-Geschichten wie populärer als in Europa, aber Disney versprach sich hier einen Film, der das Zeug hatte, weltweit erfolgreich zu sein und Startschuss einer ganzen Reihe zu sein.

Für seinen neuen Film greift Sam Raimi nicht auf eine der zahlreichen Vorlagen zurück. Vielmehr spielt der Film vor den Ereignissen von Baums erstem Roman, auf dem der 1939er-Klassiker THE WIZARD OF OZ (DER ZAUBERER VON OZ) basiert. Raimi befasst sich mit dem Zauberer und wie er in die wundersame Welt von Oz verschlagen wurde. Der Wunschkandidat des Studios Disney für die Rolle des Zauberers war Johnny Depp. Er wurde es jedoch nicht, ebenso wenig wie Raimis erste Wahl Robert Downey Jr. Der musste wegen Terminproblemen absagen. Zum Zug kam darum James Franco, mit dem Raimi schon in der Spider-Man-Trilogie zusammengearbeitet hat.

Der zurückhaltende Regisseur ist voll des Lobes über seinen Star: „Er ist einer der kreativsten Köpfe, mit denen ich je zusammengearbeitet habe. James ist ein echter Künstler."

Raimis Favoritinnen für die Rolle der Evanora waren Hilary Swank und Michelle Williams. Rachel Weisz gefiel der Part besonders, weswegen sie keine Mühe scheute, Raimi zu überzeugen, dass sie die Richtige für den Part sei. In einem zweistündigen Gespräch gelang ist das auch, woraufhin Raimi die blonde Williams als Glinda besetzte.

Raimi war es bei der mehr als 200 Millionen Dollar teuren Produktion wichtig, dass der Film als Vorgeschichte zu den Romanen dient, im Drehbuch finden sich aber auch Verweise auf den alten Film, der als zeitlos schöner Klassiker auch heute noch gerne gesehen wird.

Gedreht wurde in Pontiac im US-Bundesstaat Michigan. Anders als bei der sehr erfolgreichen Disney-Produktion ALICE IN WONDERLAND (ALICE IM WUNDERLAND, 2010) wollte man nicht später in 3-D konvertieren, sondern gleich in dieser Technik drehen und nutzte die Red Epic auf einem 3Ality-Technica-Atom-3D-Rig. Das brachte einige Probleme mit sich, da sich die von Red zur Verfügung gestellten Techniker las sehr unflexibel erwiesen, was Raimi zu der Aussage brachte, mit dieser Firma nicht mehr zusammenarbeiten zu wollen.

Sehr schön ist, dass Raimi dem Klassiker seine Reverenz erweist. So beginnt er den Film mit einer schwarzweißen Eröffnungssequenz, die wie ein alter Film im Format 1,33:1 gehalten ist, während der restliche Film, der Oz dann in herrlichen Farben erstrahlen lässt, eine Aspect Ratio von 2,35:1 hat.

Für Raimi ist der Film erneut ein riesiger Erfolg. Bei Interviews wurde er aber auch immer wieder nach einem vierten EVIL DEADA-Film gefragt. Die Antwort wurde im Übrigen falsch verstanden, denn als er sagte, er könnte im Sommer mit seinem Bruder am Drehbuch arbeiten, wurde das als Bestätigung angesehen. Aber echte Pläne für einen vierten Film gibt es nicht. Immerhin kommt 2013 aber das lang erwartete Remake des Films in die Kinos.

Für Raimi ist der Erfolg im Grunde aber Nebensache. Er, der als Kind erst Meteorologe und dann Pilot werden wollte, dem so mancher aber eher angeraten hatte, sich etwas Handfestes zu suchen wie z.B. Waschmaschinen zu reparieren, ist schon zufrieden, wenn er weiterhin im Filmgeschäft arbeiten kann.

Für Raimi sind das große Kasseneinspiel oder die enormen Einschaltquoten nur Nebensache. Natürlich braucht er sie, um auch weiterhin bei kommenden Projekten aus dem Vollen schöpfen zu können, aber als Regisseur ist er nicht auf Hunderte Millionen Dollar angewiesen, um Filme zu machen, die auch er gerne sehen würde. Filme wie THE GIFT, die mit vergleichsweise niedrigem Budget auskommen, belegen nur zu gut, dass Raimi kein Megalomane ist, der mal schnell 200 Millionen Dollar verpulvert, um seine Vision eines Films fertig zu stellen. Aber: Er nimmt auch gerne solche und noch höhere Summen, um Visionen zu erschaffen, wie man sie noch nie gesehen hat. Und bei Raimi ist jeder einzelne Dollar auf der Leinwand sichtbar.

Er ist ein Regisseur, der Film mehr als das Leben selbst liebt. Die Welt der bewegten Bilder ist sein Ein und Alles. Aus dieser Welt, die nur wenig Platz für ein Privatleben des ruhigen und als stets höflich beschriebenen Mannes lässt, taucht Raimi immer wieder mit Filmen auf, die uns auf vielfache Art bewegen. Nicht jeder seiner Filme war ein Meisterwerk, aber keiner war wirklich schlecht.

In jedem von ihnen findet sich etwas, das das Publikum anspricht und es bewegt. Seiner größten Angst, Filme zu machen, die sein Publikum langweilen und einfach schlecht sind, konnte Raimi stets entgehen. Diese Angst ist es auch, die wohl verhindern wird, dass dies je geschieht, denn Raimi ist ein Mann des Volkes, dessen Geschmack mitunter ausgefallen ist, der sich jedoch auch immer auf das Publikum zu übertragen scheint.

Einspielergebnisse

Sieht man sich die Box-Office-Performance von Sam Raimis Filmen an, so fällt auf, dass er nur wenige Hits hatte. Sein Durchbruch, THE EVIL DEAD, konnte aber immerhin etwa das Achtfache seiner Produktionskosten einfahren. Natürlich wird gerade mit diesem Film und den Fortsetzungen auch heute noch ein nicht zu unterschätzender Reibach gemacht, wofür etwa ein Dutzend amerikanische DVD/Blu-ray-Releases beredtes Zeugnis ablegen, aber die Tatsache bleibt, dass beim reinen US-Kinoeinspiel Raimis Filme nur selten kostendeckend waren, was umso mehr gilt, da Kosten für das Marketing, die schnell in Millionenhöhe schießen, gar nicht eingerechnet sind.

Es ist darum auch und gerade dem Aussehen seiner Filme, der unheimlichen Dynamik, derer er sich bedient, zu verdanken, dass Sony schließlich das Vertrauen in ihn setzte und ihm die Verantwortung für SPIDER-MAN übertrug, womit Raimi einen der erfolgreichsten Filme aller Zeiten erschaffen hat.

The Evil Dead
Budget: 350.000 US-$
Einspielergebnis USA: 2.400.000 US-$
Einspielergebnis Rest der Welt. 8.600.000 US-$

Crimewave
Budget: 3.000.000 US-$
Einspielergebnis USA: 5.101 US-$

Evil Dead 2
Budget: 3.500.000 US-$
Einspielergebnis USA: 5.900.000 US-$

Darkman
Budget: 16.800.000 US-$
Einspielergebnis USA: 33.800.000 US-$
Einspielergebnis Rest der Welt: 15.000.000 US-$

Army of Darkness
Budget: 11.000.000 US-$
Einspielergebnis USA: 11.500.000 US-$

The Quick and the Dead
Budget: 32.000.000 US-$
Einspielergebnis USA: 18.600.000 US-$

A Simple Plan
Budget: 17.000.000 US-$
Einspielergebnis USA: 16.300.000 US-$

For Love of the Game
Budget: 50.000.000 US-$
Einspielergebnis USA: 35.100.000 US-$
Einspielergebnis Rest der Welt: 10.900.000 US-$

The Gift
Budget: 10.000.000 US-$
Einspielergebnis USA: 12.000.000 US-$
Einspielergebnis Rest der Welt: 32.500.000 US-$

Spider-Man
Budget: 139.000.000 US-$
Einspielergebnis USA: 403.700.000 US-$
Einspielergebnis Rest der Welt: 418.000.000 US-$

Spider-Man 2
Budget: 200.000.000 US-$
Einspielergebnis USA: 373.500.000 US-$
Einspielergebnis Rest der Welt: 410.200.000 US-$

Spider-Man 3
Budget: 258.000.000 US-$
Einspielergebnis USA: 336.530.303 US-$
Einspielergebnis Rest der Welt: 554.341.323 US-$

Drag me to Hell
Budget: 30.000.000 US-$
Einspielergebnis USA: 42.100.625 US-$
Einspielergebnis Rest der Welt: 48.742.021 US-$

Die fantastische Welt von Oz
Budget: 215.000.000 US-$
Einspielergebnis USA: 190.951.000 US-$
Einspielergebnis Rest der Welt: 178.800.000 US-$

Sams Super-8-Filme

Sam Raimi und seine Freunde Rob Tapert, Bruce Campbell und Scott Spiegel begannen schon in den frühen 70er Jahren, Kurzfilme zu produzieren, in denen sie selbst mitspielten. So erlernten sie spielerisch ihr Handwerk, das Raimi später befähigte, seinen ersten echten Film in Angriff zu nehmen.

Erwähnung finden hier nur die Filme, die Raimi entweder inszeniert oder ko-inszeniert hat. Darüber hinaus wirkte er als Schauspieler in vielen Filmen seiner Freunde mit, die u.a von Bruce Campbell, Scott Spiegel und Josh Becker inszeniert wurden.

Out West
1972

The James R. Hoffa Story, Part II
1976
Dies ist die Fortsetzung des von Scott Spiegel und Bruce Campbell inszenierten ersten Teils. Einer der Gangster des ersten Films hat überlebt. Er erlebt ein paar humorige Abenteuer, doch ein paar seiner Kollegen sind hinter ihm her, da sie ihn verschwinden lassen wollen, um so sicherzustellen, dass niemand erfährt, wo Gewerkschaftsführer Jimmy Hoffa begraben ist.

Attack of the Pillsbury Doughboy
1976
Von Raimi und Scott Spiegel inszeniert, spielt ersterer auch die Hauptrolle und beschwört den aus der Werbung bekannten Pillsbury Doughboy, um ihn zu attackieren.

Uncivil War Birds
1976

Mystery No Mystery
1976
Ein alter Mann, dargestellt von Bruce Campbell, wird ermordet. Der von Raimi dargestellte Polizist untersucht den Fall. Slapstick und Gewalt sind das Ergebnis.

Picnic
1977
Bruce und seine Freundin laden Sam und Scott zu einem Picknick ein. Als Sam den Hang hinunterläuft, stolpert er und fällt direkt in das bereits ausgebreitete Picknick.

Charlie's Angels
1977
Hier handelt es sich um eine komische Variante der gleichnamigen Fernsehserie. Inszeniert von Sam Raimi und Scott Spiegel.

The Kids' Film
1977
Ein Slapstick-Film mit Kindern der Walnut Lake School.

Six Months to Live
1977
Eine Komödie, in der ein Doktor Sam eröffnet, dass er nur noch sechs Monate zu leben hat. Sam macht das Beste aus diesem halben Jahr, hat Spaß ohne Ende und tötet sich zum Schluss selbst.

The Happy Valley Kid
1977

Lonely Are the Brave
1977
Eine Komödie mit Slapstick und Gewalt.

Civil War Part II
1977
Szenen aus dem Bürgerkrieg mit Menschen in ganz und gar zeitgenössischer Kleidung.

It's Murder
1978
Scott Spiegel spielt einen dummen Detektiv und Sam einen alten Mann im Rollstuhl, der zu oft vergisst, dass er eigentlich an diesen gefesselt ist. Der Film ist mehr als alles andere eine Komödie, hat aber auch einen Schockmoment.

William Shakespeare – The Movie
1979
Bruce und eine Kollegin führen eine Szene aus „Der Widerspenstigen Zähmung" auf.

Clockwork
1979
Eine Frau ist alleine zuhause, bekommt jedoch Panik, da sie glaubt, nicht länger alleine zu sein. Und fürwahr, um das schneebedeckte Haus schleicht eine düstere Gestalt herum.

Within the Woods
1979
Die Blaupause für THE EVIL DEAD. Sam Raimi inszeniert hier einen Kurzfilm, der zeigen soll, wie der spätere Film aussieht. Bruce ist hier besessen.

The Sappy Sap
1985
Der beste von Raimis Kurzfilmen, in dem ein Kerl, dargestellt von Scott Spiegel, auf ein heißes Mädchen im

Polka-Dress scharf ist. Raimi und Co. schrecken nicht vor „Gross Out"-Humor zurück.

Filmographie

The Evil Dead (Tanz der Teufel)
USA 1982
Regie: Sam Raimi. Drehbuch: Sam Raimi. Produzenten: Bruce Campbell, Ropert Tapert, Sam Raimi, Gary Holt. Musik: Joseph LoDuca. Kamera: Tim Philo, Sam Raimi. Schnitt: Edna Ruth Paul. Special Make-up Effects: Tom Sullivan
Darsteller: Bruce Campbell (Ash), Ellen Sandweiss (Cheryl), Hal Delrich (Scotty), Betsy Baker (Linda), Sarah York (Shelly), Dorothy Tapert, Ted Raimi, Ivan Raimi, Mary Beth Tapert, Scott Spiegel, Sam Raimi, Ropert Tapert

Ash und seine Freunde wollen ein Wochenende in einer Hütte im Wald verbringen. Doch sie stoßen auf ein Buch, das Necronomicon, das das Tor in eine andere Welt öffnet. Und schon bald ist das Böse frei, ergreift Besitz vom Körper der jungen Männer und Frauen. Nur Ash bleibt verschont, doch um sich zu retten, muss er die zu Zombies gewordenen Freunde bekämpfen.

Crimewave (Die Killer-Akademie)
USA 1985
Regie: Sam Raimi. Drehbuch: Ethan Coen, Joel Coen, Sam Raimi. Produzenten: Bruce Campbell, Cary Glieberman, Edward R. Pressman, Irvin Shapiro, Robert Tapert. Musik: Joseph LoDuca, Arlon Ober. Kamera: Robert Primes. Schnitt: Michael Kelly, Kathie Weaver
Darsteller: Louisse Lasser (Helene Trend), Paul Smith (Faron Crush), Brion James (Arthur Coddish), Sheree J. Wilson (Nancy), Edward R. Pressman (Ernest Trend), Bruce Campbell (Renaldo), Reed Birney (Vic Ajax), Richard Bright (Officer Brennan), Antonio Fargas,

Hamid Dana (Donald Odegard), John Hardy (Mr. Yarman), Emil Sitka (Colonel Rodgers), Hal Youngblood (Jack Elroy), Sean Farley (Jack Elroy Jr.), Richard DeManincor (Officer Garvey), Carrie Hall-Schalter, Frances McDormand, Ted Raimi, Joel Coen

Ein paar ausgeflippte Käferkiller töten den Besitzer einer Firma und verfolgen nun dessen Partner, der sie angeheuert hat. Noch verrückter wird es durch einen Nerd, der für den Mord auf dem elektrischen Stuhl sitzen soll.

The Evil Dead II – Dead by Dawn (Tanz der Teufel II)
USA 1987
Regie: Sam Raimi. Drehbuch: Sam Raimi, Scott Spiegel. Produzenten: Bruce Campbell, Robert Tapert, Irvin Shapiro, Alex De Benedetti. Musik: Joseph LoDuca. Kamera: Peter Deming. Schnitt: Kaye Davis. Special Make-up Effects: Howard Berger, Robert Kurtzman, Greg Nicotero
Darsteller: Bruce Campbell (Ash), Sarah Berry (Annie Knowby), Dan Hicks (Ed), Kassie DePaiva (Bobbie Joe), Ted Raimi (Henrietta), Denise Bixler (Linda), Richard Domeier (Ed Getley), John Peaks (Raymond Knowby), Lou Hancock (Henrietta Knowby), Snowy Winters, Josh Becker, Sam Raimi

Ash fährt mit seiner Freundin Linda in eine abgelegene Hütte im Wald. Doch dort ergreift ein böser Geist von ihr Besitz und so bleibt ihm nichts anderes übrig, als sie zu töten. Wenig später kommen weitere Besucher zu der Hütte und glauben, Ash sei ein Killer. Sie sperren ihn in den Keller, wo ein Zombie erwacht. Doch das ist nur der Anfang eines Albtraumtrips, der Ash schließlich ins Mittelalter führt.

Darkman (Darkman – Der Mann mit der Gesichtsmaske)

USA 1990

Regie: Sam Raimi. Drehbuch: Chuck Pfarrer, Sam Raimi, Ivan Raimi, Daniel Goldin, Joshua Goldin. Story: Sam Raimi. Produzenten: Daryl Kass, Robert G. Tapert. Musik: Danny Elfman, Jonathan Sheffer. Kamera: Bill Pope. Schnitt: Bud S. Smith, David Stiven

Darsteller: Liam Neeson (Peyton Westlake/Darkman), Frances McDormand (Julie Hastings), Colin Friels (Louis Strack Jr.), Larry Drake (Robert G. Durant), Nelson Mashita (Yakitito), Jessie Lawrence Ferguson (Eddie Black), Rafael H. Robledo (Rudy Guzman), Dan Hicks (Skip), Ted Raimi (Rick), Dan Bell (Smiley), Nicholas Worth (Pauly), Aaron Lustig (Martin Katz), Arsenio „Sonny" Trinidad (Hung Fat), John Landis, William Lustig, Scott Spiegel, Bruce Campbell, Jenny Agutter

Dr. Peyton Westlake hat eine geniale Erfindung gemacht. Er hat künstliche Haut erschaffen, doch diese zersetzt sich nach sehr kurzer Zeit. Der Verbrecherboss Durant lässt Westlake aus dem Weg räumen, doch dieser stirbt nicht. Er wird nur bis zur Unkenntlichkeit verbrannt. Nun nutzt er seine künstlichen Gesichter, um als Darkman schreckliche Rache zu nehmen.

Army of Darkness (Armee der Finsternis)

USA 1993

Regie: Sam Raimi. Drehbuch: Sam Raimi, Ivan Raimi. Produzenten: Bruce Campbell, Robert Tapert. Musik: Danny Elfman (Titelthema), Joseph LoDuca. Kamera: Bill Pope. Schnitt: Bruce Campbell (als R.O.C. Sandstorm), Bob Murawski. Special Make-up Effects: Howard Berger, Robert Kurtzman, Greg Nicotero

Darsteller: Bruce Campbell (Ash), Embeth Davidtz (Sheila), Marcus Gilbert (Arthur), Ian Abercrombie (Joe), Richard Grove (Henry), Timothy Patrick Quill, Michael Earl Reid, Bridget Fonda (Linda), Patricia Tallman, Ted Raimi, Deke Anderson, Bruce Thomas, Josh Becker, Harley Cokliss, Ivan Raimi, Bernard Rose, Sam Raimi

Ash ist im Mittelalter gelandet. Dort will man ihn zusammen mit den Männern von Henry dem Roten massakrieren, doch Ash besiegt die Deadites. Mit seinem Gewehr kann er einigen Eindruck schinden und schon bald befindet er sich auf einer Mission, die nicht nur ihn in die Gegenwart zurückbringen, sondern auch den Aufmarsch der Armee der Finsternis verhindern soll. Doch Ash versaut es wieder mal und das Verhängnis nimmt seinen Lauf.

The Quick and the Dead (Schneller als der Tod)
USA 1995
Regie: Sam Raimi. Drehbuch: Simon Moore, John Sayles (uncredited). Produzenten: Chuck Binder, Joshua Donen, Toby Jaffe, Patrick Markey, Allen Shapiro, Sharon Stone, Robert Tapert. Musik: Alan Silvestri. Kamera: Dante Spinotti. Schnitt: Pietro Scalia
Darsteller: Sharon Stone (Ellen), Gene Hackman (Herod), Russell Crowe (Cort), Leonardo DiCaprio (Kid), Tobin Bell (Dog Kelly), Roberts Blossom (Doc Wallace), Kevin Conway (Eugene Dred), Keith David (Sgt. Cantrell), Lance Henriksen (Ace Hanlon), Pat Hingle (Horace), Gary Sinise (Marshall), Mark Boone Jr. (Scars), Olivia Burnette (Katie), Fay Masterson (Mattie Silk), Raynor Scheine (Ratsy), Woody Strode (Charlie Moonlight), Scott Spiegel, Sven-Ole Thorsen, Stacy Linn Ramsower (junge Ellen), Bruce Campbell

Eine Frau, die weiß, wie sie mit der Pistole umzugehen hat, kommt in die Stadt. Sie will Rache am Mörder ihres Vaters. Doch um diese zu bekommen, muss sie an einem Duell-Wettbewerb teilnehmen, an dessen Ende sie sich Herod stellen darf.

A Simple Plan (Ein einfacher Plan)
USA 1998
Regie: Sam Raimi. Drehbuch: Scott B. Smith. Produzenten: Mark Gordon, James Jacks, Gary Levinsohn, Michael Polaire, Adam Schroeder. Musik: Danny Elfman. Kamera: Alar Kivilo.
Schnitt: Eric L. Beason, Arthur Coburn
Darsteller: Bill Paxton (Hank Mitchell), Billy Bob Thornton (Jacob Mitchell), Bridget Fonda (Sarah Mitchell), Gary Cole (Baxter), Brent Briscoe (Lou), Becky Ann Baker (Nancy), Chelcie Ross (Carl), Jack Walsh (Tom Butler), Bob Davis (Agent Renkins), Peter Syvertsen (Agent Freemont), Tom Carey (Dwight Stephanson), John Paxton (Mr. Schmitt)

Drei Männer finden bei einem abgestürzten Flugzeug einen Koffer mit vier Millionen Dollar. Sie wollen das Geld behalten. Im Grunde müssen sie nur warten, bis Gras über die Sache gewachsen ist und niemand mehr das Geld vermissen wird. Das klingt so einfach, doch alles kommt anders und am Ende steht ein Mord.

For the Love of the Game (Aus Liebe zum Spiel)
USA 1999
Regie: Sam Raimi. Drehbuch: Dana Stevens. Produzenten: Marc Abraham, Armyan Bernstein, Ronald M. Bozman, Amy Robinson. Musik: Basil Poledouris. Kamera: John Bailey. Schnitt: Eric L. Beason, Arthur Coburn

Darsteller: Kevin Costner (Billy Chapel), Kelly Preston (Jane Aubrey), John C. Reilly (Gus Sinski), Jena Malone (Heather), Brian Cox (Gary Wheeler), J.K. Simmons (Frank Perry), Vin Scully (Vin Scully), Steve Lyons (Steve Lyons), Carmine Giovinazzo (Ken Strout), Bill E. Rogers (Davis Birch), Hugh Ross (Mike Udall), Greer Barnes (Mickey Hart), Bill Costner (Billy Chapels Vater), Ted Raimi

Eine ehemalige Baseball-Legende bekommt im Alter von 37 Jahren noch einmal die Chance, sich zu beweisen.

The Gift (The Gift – Die dunkle Gabe)
USA 2000
Regie: Sam Raimi. Drehbuch: Billy Bob Thornton, Tom Epperson. Produzenten: James Jacks, Gary Lucchesi, Tom Rosenberg. Musik: Christopher Young. Kamera: Jamie Anderson. Schnitt: Arthur Coburn, Bob Murawski.
Darsteller: Cate Blanchett (Annie Wilson), Giovanni Ribisi (Buddy Cole), Keanu Reeves (Donnie Barksdale), Katie Holmes (Jessica King), Greg Kinnear (Wayne Collins), Hilary Swank (Valerie Barksdale), Michael Jeter (Gerald Weems), Kim Dickens (Linda), Gary Cole (David Duncan), J.K. Simmons (Sheriff Pearl Johnson).

Eine junge Frau verschwindet. Man befürchtet das Schlimmste. Ihr Vater wendet sich an das Medium Annie, die Visionen der verschwundenen Frau hat und erkennt, dass sie tot ist. Alles scheint dafür zu sprechen, dass Donnie Barksdale der Killer ist, doch deutet nicht auch das eine oder andere Indiz auf ihren Verlobten hin?

Spider-Man (Spider-Man)
USA 2002
Regie: Sam Raimi. Drehbuch: David Koepp.
Produzenten: Ian Bryce, Laura Ziskin. Musik: Danny
Elfman. Kamera: Don Burgess. Schnitt: Arthur Coburn,
Bob Murawski.
Darsteller: Tobey Maguire (Peter Parker), Willem Dafoe
(Norman Osborn), Kirsten Dunst (Mary Jane Watson),
James Franco (Harry Osborn), Cliff Robertson (Ben
Parker), Rosemary Harris (Tante May), J.K. Simmons (J.
Jonah Jameson), Bill Nunn (Robbie Robertson), Bruce
Campbell, Scott Spiegel, Lucy Lawless, Ted Raimi.

Peter Parker wird von einer Spinne gebissen und erhält so
die proportionalen Kräfte des Tieres. Von nun an ist er
Spider-Man. Doch nicht sofort denkt er daran, dass er mit
seiner Gabe Gutes tun könnte. Vielmehr will er reich
werden. Doch aus Selbstsucht heraus stirbt sein Onkel
und Peter wird klar, dass mit großer Kraft auch große
Verantwortung kommt. Als Spider-Man kämpft er nun
für das Gute und muss sich dem Green Goblin stellen.

Spider-Man 2 (Spider-Man 2)
USA 2004
Regie: Sam Raimi. Drehbuch: Alvin Sargent.
Produzenten: Avi Arad, Laura Ziskin. Musik: Danny
Elfman, Bart Hendricksen. Kamera: Bill Pope. Schnitt:
Bob Murawski.
Darsteller: Darsteller: Tobey Maguire (Peter Parker),
Willem Dafoe (Norman Osborn), Kirsten Dunst (Mary
Jane Watson), James Franco (Harry Osborn), Cliff
Robertson (Ben Parker), Rosemary Harris (Tante May),
J.K. Simmons (J. Jonah Jameson), Bill Nunn (Robbie
Robertson), Bruce Campbell, Ted Raimi, Alfred Molina

(Dr. Otto Octavius), Donna Murphy (Rosalie Octavius), Dylan Baker (Curt Connors)

Peter ist seines Daseins als Spider-Man leid. Sein Leben geht vor die Hunde und so lässt er das Kostüm hinter sich. Doch der Zeitpunkt ist denkbar ungünstig, denn Dr. Octavius verwandelt sich durch einen Unfall in Dr. Octopus. Und da er sein Experiment zu Ende führen will, könnte ganz New York vernichtet werden.

Spider-Man 3 (Spider-Man 3)
USA 2007
Regie: Sam Raimi. Drehbuch: Alvin Sargent. Produzenten: Avi Arad, Laura Ziskin. Musik: Christopher Young. Kamera: Bill Pope. Schnitt: Bob Murawski. Darsteller: Darsteller: Tobey Maguire (Peter Parker), Willem Dafoe (Norman Osborn), Kirsten Dunst (Mary Jane Watson), James Franco (Harry Osborn), Cliff Robertson (Ben Parker), Rosemary Harris (Tante May), J.K. Simmons (J. Jonah Jameson), Bill Nunn (Robbie Robertson), Bruce Campbell, Ted Raimi, Thomas Haden Church (Sandman), Topher Grace (Eddie Brock), Bryce Dallas Howard (Gwen Stacy), Dylan Baker (Curt Connors), James Cromwell (Captain Stacy), Theresa Russell (Mrs. Marko).

Als sich Spider-Mans Anzug pechschwarz verfärbt und ihm neue, ungeahnte Kräfte verleiht, verändert dies auch Peter und bringt die dunklen Seiten seines Charakters ans Licht, Eigenschaften, die Peter bald nicht mehr kontrollieren und beherrschen kann. Unter dem Einfluss des Anzugs wird Peters Ego immer größer. Dabei vernachlässigt er zunehmend all die Menschen, denen er am meisten am Herzen liegt. Peter muss seine persönlichen Dämonen bezwingen, während zwei der meist gefürchteten Schurken, Sandman und Venom mit ihm abrechnen wollen.

Drag me to Hell (Drag me to Hell)
USA 2009
Regie: Sam Raimi. Drehbuch: Sam Raimi, Ivan Raimi. Musik: Christopher Young. Kamera: Peter Deming. Schnitt: Bob Murawski. Produzenten: Grant Curtis, Sam Raimi, Robert G. Tapert.
Darsteller: Alison Lohman (Christine), Justin Long (Clay), Lorna Raver (Mrs. Ganush), David Paymer (Mr. Jacks), Dileep Rao (Rham Jas), Reggie Lee (Stu Rubin), Bill E. Rogers (Bill)

Christine Brown führt ein glückliches Leben mit ihrem Freund Clay Dalton in Los Angeles. Als Kreditsachbearbeiterin entscheidet sie über die Kreditwürdigkeit ihrer Kunden und kann vielleicht sogar ihrem hinterlistigen Kollegen eine Beförderung wegschnappen, wenn sie etwas skrupelloser mit Risikokandidaten umgeht. Bei einer geheimnisvollen Zigeunerin, die sie um Hilfe anfleht, bietet sich ihr genau diese Chance - sie hätte ihr ein Darlehen bewilligen können, entschließt sich aber mit schlechtem Gewissen für eine Ablehnung, um Punkte bei ihrem Chef zu sammeln. Eine Entscheidung, die nicht folgenlos bleibt. Christines Leben wird zur Hölle auf Erden, denn die jetzt obdachlose Zigeunerin belegt sie mit einem mächtigen Fluch.

Oz the Great and Powerful (Die fantastische Welt von Oz)
USA 2013
Regie: Sam Raimi. Drehbuch: Mitchell Kapner, David Lindsay-Abaire. Kamera: Peter Deming. Schnitt: Bob

Murawski. Musik: Danny Elfman. Kostüme: Gary Jones. Produktionsdesign: Robert Stromberg. Produzenten: Joe Roth.

Darsteller: James Franco (Oz), Mila Kunis (Mila Kunis), Rachel Weisz (Evanora), Michelle Williams (Glinda), Abigail Spencer (May), Zach Braff (Frank), Martin Klebba (Nikko), Otis Winston (Winkie), Tony Cox (Knuck)

Oscar Diggs ist ein kleiner Zirkusmagier mit fragwürdiger Moral. Als er sich eines Tages nach einem schweren Wirbelsturm in der fantastischen Welt von Oz wiederfindet, denkt er, einen Volltreffer gelandet zu haben: Ruhm und Reichtum scheinen greifbar nah – zumindest bis er den drei Hexen Theodora, Evanora und Glinda begegnet. Die sind nämlich überhaupt nicht davon überzeugt, dass er der große Zauberer ist, für den ihn alle halten. Widerstrebend wird Oscar in die Schwierigkeiten von Oz und seinen Bewohnern hineingezogen und muss herausfinden, wer zu den Guten und wer zu den Bösen gehört, bevor es zu spät ist. Mit Illusionen, Einfallsreichtum und auch ein bisschen echter Zauberei schafft es Oscar schließlich, nicht nur zum großen und mächtigen Zauberer von Oz zu werden...

Within the Woods

USA 1978
Regie: Sam Raimi
Drehbuch: Sam Raimi
Produzent: Robert Tapert (hier als Rip Tapert)
Special Effects: Tom Sullivan
Darsteller: Bruce Campbell, Ellen Sandweiss, Scott Spiegel

Sam Raimi und seine Freunde, darunter natürlich Robert Tapert, Bruce Campbell und Scott Spiegel, arbeiteten seit einiger Zeit an verschiedenen Filmen, die auf Super-8 gedreht wurden. Ihre erste Gehversuche waren IT'S MURDER, eine Art Krimi, und CLOCKWORK, ein Serienkillerstoff, die beide als Kurzfilme am Campus aufgeführt wurden. Das nächste Projekt des kleinen Teams sollte jedoch noch einen Schritt weitergehen.

Raimi studierte an der Michigan State Universität Literatur und stieß dabei auf ein Buch mit dem bezeichnenden Titel „Book of the Dead", das seine Phantasie beflügelte und den Ausschlag für das nächste Kleinprojekt der filmbegeisterten Gruppe gab.

WITHIN THE WOODS – „Inmitten der Wälder" – hieß das Drehbuch, das Raimi alleine schrieb und bei dem er natürlich beabsichtigte, einmal mehr die Regie zu führen. Das Drehbuch zeichnet sich wie der fertige Film durch einen Mangel an Dialogen aus, der durch eine Unmenge an blutigen Effekten und einer vor allem auf Action aufbauenden Kameraarbeit kaschiert wurde. Die Handlung ist dementsprechend schnell erzählt. Bruce Campbells namenlose Figur findet in einer verlassenen Hütte das „Book of the Dead", dessen böse Mächte den jungen Mann übernehmen und vernichten. Schrecklich entstellt – über und über mit Blut bedeckt und an herausgequollenen Augäpfeln leidend – macht sich der ehemalige Mensch nun daran, seine Freundin, dargestellt von Ellen Sandweiss, zu jagen.

Für die Produktion ihres Horrorfilms brachten Raimi, Campbell und Tapert 1.600 Dollar auf, die ausreichten, um ein Wochenende lang zu drehen. Gedreht wurde auf der Farm, die Taperts Familie gehörte, so dass man sich ungestört in das zwei Tage dauernde Schlachtfest hineinsteigern konnte.

Für die Gestaltung der Make-up-Effekte wählte man Tom Sullivan, der mit der Gruppe bereits an ihren früheren Filmen gearbeitet hatte und angesichts des bescheidenen Budgets ein paar recht hässliche Effekte praktisch aus dem Nichts hervorzaubern konnte.

Anders als im späteren TANZ DER TEUFEL stellt Bruce Campbell hier die Figur dar, die von den Dämonen besessen wird. Das ging natürlich mit langen Sitzungen zum Auftragen des Make-ups und noch viel längeren Drehtagen einher, so dass irgendwann der Punkt kam, an dem der Schauspieler – ermüdet und bis zum Hals im Dreck steckend – nur noch das Latex vom Leib haben wollte, sich aber wie ein echter Profi zusammenriss und den Dreh hinter sich brachte.

Tatsächlich gelang es Campbell sogar, eine intensive Szene zu gestalten, deren Entstehung nur der Armut der Produktion zu verdanken ist. In einer Szene sollte das menschliche Monster einem anderen den Arm abschneiden. Das Problem war nur, dass der künstliche Arm für das recht stumpfe Mordwerkzeug wohl etwas zu zäh war, weswegen sich Campbell entschloss, sich auf seine gesunden Beißerchen zu verlassen und den Arm richtiggehend abzukauen. Diese improvisierte Szene, die nötig war, da der künstliche Arm der einzige seiner Art bei der Produktion von WITHIN THE WOODS war, erwies sich später als einer der besten Momente des fertigen Films und wurde bei TANZ DER TEUFEL bewusst wiederholt.

Für die weibliche Hauptrolle wählten die Freunde Ellen Sandweis, die mit Raimi und Campbell schon seit der High School befreundet war und für jeden Spaß zu haben war. Ihrer überzeugenden Darstellung und der Tatsache, dass sie sich nicht scheute, bei blutrünstigen Filmen mitzuwirken, hatte sie es schließlich auch zu verdanken, dass sie bei TANZ DER TEUFEL später wieder eingesetzt wurde.

Den fertigen 30-minütigen Film führten die angehenden Filmemacher im Anwesen der Familie Tapert Freunden und Verwandten vor. Für Raimi bedeutete WITHIN THE WOODS jedoch mehr als nur ein bisschen Spaß, nachdem man wieder zum Studieren an die Universität zurückkehrt. Ihm war nun endgültig klar, dass er Regisseur werden wollte und so wurde WITHIN THE WOODS benutzt, um Geldgeber zu finden, die daran interessiert waren, in eine Langfassung des Films, der den Arbeitstitel „The Book of the Dead" trug, zu investieren.

Tanz der Teufel

Originaltitel: The Evil Dead
USA 1982
Regie: Sam Raimi
Drehbuch: Sam Raimi
Produzenten: Bruce Campbell, Ropert Tapert, Sam Raimi, Gary Holt
Musik: Joseph LoDuca
Kamera: Tim Philo, Sam Raimi
Schnitt: Edna Ruth Paul
Special Make-up Effects: Tom Sullivan
Darsteller: Bruce Campbell (Ash), Ellen Sandweiss (Cheryl), Hal Delrich (Scotty), Betsy Baker (Linda), Sarah York (Shelly), Dorothy Tapert, Ted Raimi, Ivan Raimi, Mary Beth Tapert, Scott Spiegel, Sam Raimi, Ropert Tapert

Der Film beginnt mit einer Kamerafahrt durch die verlassenen Wälder und führt dann die Hauptdarsteller, fünf junge Leute, ein. Ash, seine Schwester Cheryl, Scotty, seine Freundin Shelly und Ashs Freundin Linda wollen ein bisschen entspannen. Deshalb haben sie sich eine abgelegene Hütte inmitten der Wälder gemietet. Die Fahrt zu der Hütte verläuft ruhig, von einem kleinen Zwischenfall mit dem Wagen abgesehen. Die Hütte selbst ist ein wenig heruntergekommen, der offensichtliche Grund, warum sie so billig zu mieten war.

Während die anderen das Gepäck aus dem Wagen holen, sieht sich Scotty schon einmal in dem Haus um, findet aber nichts Ungewöhnliches. Wenig später erlebt Cheryl jedoch etwas, das sie nicht ohne weiteres loslässt. Als sie gerade eine Wanduhr zeichnet, bleibt diese plötzlich von einem Moment zum nächsten stehen. Daraufhin fühlt sich Cheryl gezwungen, Striche auf ihrem Block zu ziehen, die ein ungelenkes Gesicht ergeben.

Am selben Abend hören sie Geräusche aus dem Keller kommen. Da ihnen das alles etwas unheimlich ist, stehen sie untätig vor dem Keller, aber Scotty nimmt allen Mut zusammen und sieht nach, was im Keller der Hütte vorgeht. Als er nicht wieder auftaucht, folgt ihm Ash und wird kräftig erschreckt. Daraufhin zeigt ihm Scotty, was er gefunden hat: ein altes Gewehr, einen merkwürdig geformten Dolch und ein Buch, in dem gar schreckliche Dinge abgebildet sind. Als sie das Zeug mit hinauf nehmen, finden sie auch noch ein Tonbandgerät, das sie sich gemeinsam anhören.

Auf dem Band berichtet ein Mann von einem Buch, dessen Titel grob übersetzt „Das Buch der Toten" lautet, welches er bei Ausgrabungen gefunden hat. Dieses Buch – aus menschlicher Haut bestehend – berichtet von Dämonen, die durch die hier enthaltenen Formeln zum Leben erweckt werden können, woraufhin sie Menschen in Besitz nehmen. Cheryl möchte das Band ausschalten, aber Scotty will den Rest hören, wobei nun eine der Beschwörungsformeln folgt. Ohne dass es einer der fünf merkt, erweckt die Beschwörung das Böse außerhalb der Hütte zum Leben.

Ash ahnt noch nichts von dem, was auf ihn zukommen wird und genießt seine Zeit mit Linda, da sie zum ersten Mal seit Beginn des Trips alleine sind. Cheryl, die alleine in ihrem Zimmer ist, hört von draußen merkwürdige Geräusche. Sie begibt sich vor die Hütte, um der Quelle dieser Geräusche auf den Grund zu gehen. Dabei läuft sie immer weiter in den Wald, der um sie herum zum Leben erwacht. Äste biegen sich, beginnen sich zu bewegen und nähern sich Cheryl. In Windeseile fallen Äste und Zweige über sie her, halten sie fest und reißen ihr die Kleidung vom Leib. Bevor sie sich befreien und fliehen kann, wird sie von einem Baum vergewaltigt. Sie läuft zur Hütte und Ash in die Arme. Keiner ihrer Freunde will ihr die Geschichte der zum Leben erwachten Bäume glauben, aber Cheryl ist das egal. Sie will nur weg von hier. Darum bittet sie Ash, sie in die Stadt zu fahren. Der willigt auch ein und macht alles bereit, wobei der Wagen erst nicht anspringen will, dann aber doch funktioniert.

Bei der Brücke erwartet sie eine hässliche Überraschung. Sie ist zusammengebrochen und nicht mehr passierbar. So wie es scheint, sitzen sie fest, weswegen sie zur Hütte zurückkehren.

Dort hört sich Ash das weitere Tonband an, während Linda und Shelly versuchen, umgedrehte Karten zu erraten, aber das gelingt nur Cheryl, die sich plötzlich in einen Dämon verwandelt hat. Sie droht, dass alle leiden und sterben werden. Als sie zusammenbricht, nähern sich ihr Linda und Ash. Die Gelegenheit nutzt Cheryl, um Linda einen Bleistift in den Fuß zu rammen. Cheryl kämpft gegen ihre Freunde, wobei Ash niedergeschlagen wird. Scotty gelingt es jedoch, die Furie in den Keller zu werfen und dort einzusperren.

Während Linda sich in einem anderen Raum ausruht, überlegen Scotty, Ash und Shelly, wie sie von hier wegkommen sollen. Als sich auch Shelly zurückzieht, um zu versuchen, ein bisschen Schlaf zu bekommen, dringt das Böse in die Hütte ein und bemächtigt sich der jungen Frau. Scotty will nach ihr sehen, wird aber von der nun zum Dämon gewordenen Shelly angegriffen.

Ash kommt seinem Freund zu Hilfe, aber Shelly schleudert ihn einfach durch das Zimmer. Scotty gelingt es jedoch selbst, sich seiner Haut zu erwehren. Er ersticht Shelly, aber da sie das nicht aufhält, muss er zu drastischeren Mitteln greifen und geht mit einer Axt auf sie los. Nunmehr zerstückelt, ist Shelly aber noch lange nicht tot, denn ihre Einzelteile bewegen sich nach wie vor. Scotty und Ash packen die einzelnen Stücke zusammen und beerdigen ihre (un)tote Freundin.

Nach diesem Erlebnis will Scotty sofort den Ort des Schreckens verlassen. Dass Linda nicht gehen kann, interessiert ihn nicht. Er denkt nur an sich und macht sich aus dem Staub. Als Ash zu Linda geht, verhöhnt ihn Cheryl. Wie sich zeigt, kommt für Linda alle Hilfe zu spät. Sie ist wie Cheryl zu einem Dämon geworden. Ash läuft vor ihr davon und Scotty in die Arme. Der wurde von den Bäumen übel zugerichtet und ist zur Hütte zurückgekehrt. Offensichtlich gibt es keinen Weg, der von der Hütte wegführt.

Während sich Ash um Scotty kümmert, sitzt Linda untätig da und lacht ihren Freund aus. Das hält Ash nicht länger aus und so droht er ihr, ihr den Kopf mit der Flinte wegzublasen. Da verschwindet das dämonische Äußere und Linda ist wieder so, wie sie immer war. Auch Cheryl hat sich verändert. Sie bittet Ash, sie aus dem Keller herauszulassen. Das will er auch machen, aber bevor er das Schloss öffnen kann, zeigen die Dämonen ihr wahres Gesicht und verkünden, dass auch er bald zu ihnen gehören wird.

Ash wirft Linda aus der Hütte hinaus, aber das nützt wenig. Wieder in der Hütte, erkennt Ash, dass Scotty tot ist. Da attackiert ihn Linda, woraufhin er sie tötet. Als er sie jedoch mit einer Kettensäge zerstückeln will, kann er es nicht. Er entschließt sich, sie zu begraben, aber da erwacht Linda wieder zum Leben und greift ihn erneut an. Bei dem folgenden Kampf trennt Ash ihren Kopf ab, womit er endlich vor ihr Ruhe hat. Derweil hat sich jedoch Cheryl aus ihrem Kellergefängnis befreit. Als sie ihn angreift, schießt er mit der Flinte auf sie. Da ihm nun jedoch die Patronen ausgehen, ist er gezwungen, im Keller nach weiterer Munition zu suchen.

Dort unten sieht sich Ash blutigem Schrecken gegenüber, findet aber wenigstens ein paar weitere Patronen. Als Cheryl sich wieder auf ihn stürzt, schießt er ihr in den Kopf und wird sogleich von Scotty angegriffen. Nachdem er seinem alten Freund die Augen ausgedrückt hat, versucht Ash, den Spuk zu beenden, indem er das Buch der Toten in das Kaminfeuer wirft, aber daran versuchen ihn sowohl Scotty wie auch Cheryl zu hindern. Erst in buchstäblich letzter Sekunde gelingt es ihm, das Buch zu verbrennen.

Als das Buch vom Feuer verzehrt wird, sterben auch Scotty und Cheryl, deren Körper sich langsam auflösen, einen letzten Ausbruch des Bösen erleben, und dann nur noch als harmloser Schleim zurückbleiben.

Als der Tag graut, verlässt Ash die Hütte. Er hat den Alptraum überlebt, obwohl alle seine Freunde sterben mussten. Das Böse im Wald ist jedoch nicht tot. In einem irrsinnigen Lauf stürzt es sich auf den jungen Mann und fordert sein letztes Opfer.

Der ursprüngliche Titel für Sam Raimis Debüt war „The Book of the Dead", „Das Buch der Toten", das im Film für all die Schrecken sorgt, denen sich Ash und seine Freunde stellen müssen. Erst als sich New Line Cinema des Films annahm, um ihn in den USA zu vertreiben, änderte sich der Titel in THE EVIL DEAD, von dem sich der Verleih mehr versprach. Einige Vorschläge kamen vom Verleih, allesamt schlecht, wie sich Rob Tapert später erinnerte: „Aber mit THE EVIL DEAD konnten wir leben."

Bis der Film jedoch vertrieben werden konnte, verging eine Menge Zeit. Zeit, die Raimi und seine Partner damit verbrachten, den Film unter Dach und Fach zu kriegen.

Die eigentliche Produktion des Films begann im Laufe des Jahres 1978. Raimi hatte sich endlich entschieden, die Schule sausen zu lassen und an einer Karriere beim Film zu arbeiten. Der beste Weg hierfür war – immerhin befand er sich nicht im Filmmekka Los Angeles, sondern in der tiefsten Provinz –, selbst einen Film zu drehen. Da Horror gerade wieder in war, lag es natürlich nahe, einen Horrorfilm zu inszenieren. Hinzu kam, dass Horrorfilme ideale Vehikel waren, um auf sich aufmerksam zu machen.

Kurzerhand wurde zusammen mit Robert Tapert und Bruce Campbell die Produktionsfirma Renaissance Pictures gegründet, mit der man den ersten großen Film machen wollte. Da für jeden Film, und mag er auch noch so sehr aus dem Low Budget-Bereich kommen, Geld nötig ist, hieß es erst einmal, nach Finanziers Ausschau zu halten.

Zu diesem Zweck legten die Freunde etwas Geld zusammen, um WITHIN THE WOODS, einen Kurzfilm, zu produzieren, der potentiellen Geldgebern zeigen sollte, was aus ihrem Geld werden würde, so sie sich entschieden, sich an dem Film zu beteiligen. „WITHIN THE WOODS sollte auch zeigen, dass man es ernst meinte und nicht mit dem Geld anderer eine ruhige Kugel schieben wollte. Wenn der Kurzfilm schon zu nichts anderem gut sein sollte, so sollte er doch klarmachen, wie sich ein schrecklicher Horrorfilm verwirklichen ließ.

Mit WITHIN THE WOODS an der Hand gelang es dem energiegeladenen Team, genug Geldmittel aufzutreiben, um den Film zu inszenieren. Dabei wurde TANZ DER TEUFEL von ganz normalen Leuten, Anwälten oder Bankern etwa, finanziert, wodurch Raimi schließlich auf ein Budget von immerhin 350.000 Dollar zugreifen konnte. Das war sicherlich immer noch nicht viel Geld, aber für den Debütanten Raimi muss es wie ein

Vermögen gewirkt haben, auch wenn sich schnell zeigte, dass die Produktion eines Films durchaus mit einem Fass ohne Boden zu vergleichen ist.

Nachdem sich die Beschaffung des Geldes mehrere Monate hinzog, konnten die tatsächlichen Dreharbeiten schließlich im September 1979 beginnen. Zuvor jedoch mussten die wenigen Rollen adäquat besetzt werden. Dass Campbell die Hauptrolle spielen würde, war ohnehin klar, und dass Ellen Sandweis, die schon in mehreren von Raimis Kurzfilmen mitgewirkt hatte, eine der Rollen abbekam, bedurfte auch keinerlei Diskussion. Blieben jedoch immer noch drei Hauptrollen, die zu besetzen waren.

Drei begabte Schauspieler in Detroit zu finden, war schwieriger als erwartet. Die meisten Schauspieler sind dort daran interessiert, bei den lukrativen Werbespots für Autos und möglichen Autoshows mitzuwirken, so dass viele schon von vornherein abwinkten, als Raimi von seinem Horrorfilm zu sprechen begann.

Nachdem Raimi mit mehreren hundert jungen Frauen gesprochen hatte, fand er doch noch die richtigen Darsteller für die Rollen von Linda und Shelly. Hal Delrich, der Darsteller des Scotty, wurde dagegen eher zufällig für die Rolle entdeckt. Eigentlich begleitete er nur einen Freund, der für den Film vorsprach, aber als Raimi und Tapert ihn sahen, erkannten sie instinktiv, dass er für den Part des Draufgängers wie geschaffen war. Als sie ihn für die Rolle verpflichteten, bedeutete dies zwar, dass die Freundschaft zwischen ihm und seinem Kumpel ein wenig strapaziert wurde, aber das war etwas, das Raimi nicht auch noch interessieren konnte.

Die Dreharbeiten zu TANZ DER TEUFEL sollten eigentlich zur Gänze in Michigan stattfinden, aber die Zusammenarbeit mit der staatlichen Filmkommission, die beim Finden von Locations und den nötigen Drehgenehmigungen behilflich war, war zu jener Zeit noch alles andere als ausgezeichnet. Als man dann endlich mit dem Drehen hätte beginnen können, stand der Winter praktisch direkt vor der Tür, so dass man sogar mit haufenweisem Schnee rechnen musste.

Das wiederum zwang die Produktion, nach einem anderen Drehort zu suchen. In Morristown, Tennessee, wurde man schließlich fündig. Hier, etwa 200 Meilen von Knoxville entfernt, fand der Großteil der Dreharbeiten statt.

Die hiesige Filmkommission war auch wesentlich erfahrener als die von Michigan, so dass man Hilfe bei der Suche nach geeigneten Drehorten bekam. So etwa einen Monat nach Beginn der Dreharbeiten, fanden sich schließlich einige Mitglieder der Filmkommission am Drehort wieder, wobei sie da erst erkannten, was für ein Film hier eigentlich entstand.

Eine der Szenen, für die TANZ DER TEUFEL berühmt wurde, ist die irrsinnige Kamerafahrt durch die Wälder. Hierfür benutzte Raimi seine „Shaky-Cam". Da man sich keine Steadicam leisten konnte, die schnelle Bewegungen des Kameramannes zulässt, aber dabei das Bild nicht verwackelt, musste Raimi improvisieren.

Raimi ließ hierzu eine recht leichte 16mm-Kamera, die ohne Ton filmte auf ein Brett montieren, das er vor sich her hielt. Damit lief er dann los, wodurch die faszinierende Szene entstand. Am Ende, als sich das Böse auch durch das Haus bewegt und die Türen aufstößt, lief Raimi durch das Haus, zählte dabei immer von drei langsam abwärts, so dass seine Kollegen wussten, wann er kommen würde und rechtzeitig die Türen aufstoßen konnten.

Für die Eröffnungssequenz, in der die Kamera zuerst durch einen Sumpf fährt, benutzte Raimi einen ähnlichen Trick. Er befestigte die Kamera mit Klebeband an seinem Arm und watete knietief durch den Sumpf. Immer dann, wenn sich ein Hindernis näherte, hob er einfach den Arm, wodurch der Eindruck einer reibungslosen Kamerafahrt entstand.

Aus den ursprünglich geplanten sieben Wochen, die die Crew mit den Dreharbeiten in Tennessee verbrachte, wurden schließlich ganze elf Wochen, die von so manch chaotischer Organisation geprägt waren. Besonders interessant ist in diesem Zusammenhang, dass die Hütte, die Raimi für die Dreharbeiten nutzte, zwar die ideale Atmosphäre ausstrahlte, aber über einen Makel verfügte, der im krassen Widerspruch zum Drehbuch stand. Es gab keinen Keller, weswegen man eine Kellerluke einbaute und darunter ein Loch aushob, das gerade groß genug war, um einen Schauspieler darin verschwinden zu lassen.

Nachdem der Hauptteil des Films jedoch gedreht war, ging es zurück nach Hause, wo man im Mai die Dreharbeiten wieder aufnahm – diesmal jedoch nicht mehr in Tennessee, sondern zu Hause, um die vielen Effektszenen und einiges andere Material zu drehen.
Hier kamen dann vor allem Tom Sullivan, der schon mehrmals mit Raimi zusammengearbeitet hatte, und Bart Pierce, der von Tim Philo empfohlen worden war, zum Zug. Sullivan hatte Raimi kennen gelernt, als dieser am College begann, Kurzfilme zu drehen.

Da sich Sullivan auch sehr für Film interessierte und Zeit seines Lebens von den Künsten Ray Harryhausens fasziniert war, war es für ihn nur ein natürlicher Prozess, im Effektbereich tätig zu werden. Bevor er für TANZ DER TEUFEL arbeitete, war Sullivan an der Lovecraft-Verfilmung THE CRY OF CTHULHU beteiligt, aber dieser Film wurde nie zu Ende gestellt.

Sullivan hatte schon bei WITHIN THE WOODS die Masken und das Make-up entwickelt, so dass er bereits wusste, was mit TANZ DER TEUFEL auf ihn zukam. Bart Pierce war hauptsächlich dafür da, Sullivan zu unterstützen, wobei er auch als technischer Berater fungierte, der Ratschläge gab, wie man am besten drehte, damit man später den 16mm-Film anständig auf 35mm aufblasen konnte.

Für viele der Masken und blutigen Effekte war Sullivan jedoch im Alleingang verantwortlich. Da die Produktion recht schnell vonstattenging – abgesehen von der langen Zeit, bis die Finanzierung geregelt war – und die Darsteller in manchen Fällen in buchstäblich letzter Minute ausgewählt wurden, konnte er nur in den seltensten Fällen Abdrücke der Gesichter und Köpfe der Schauspieler nehmen. Darum musste Sullivan ein wenig improvisieren und vom Gefühl her arbeiten. Wie er später meinte, wären seine Masken noch besser geworden, wenn er mehr Zeit gehabt hätte, aber so, wie Raimi sie gefilmt hat, sahen sie ohnehin schon wunderbar aus.

Das Buch der Toten wurde ebenfalls von Sullivan zusammengestellt. Schon früher hatte er die Werbeflyer für die Kurzfilme von Raimi gezeichnet, so dass er natürlich der ideale Mann für diesen Job war. Die erste Version des Buchs erwies sich jedoch als nicht nutzbar, da er richtig groß gemacht hat. Weil sich jedoch mit einem kleinen Buch besser arbeiten ließ, legte er noch einmal Hand an, um eine zweite Ausgabe zu machen.

Bei manchen der Masken griff Sullivan auch auf äußerst einfache Mittel zurück, indem er das Gesicht der Schauspieler nicht mit Prothesen und Latex zupflasterte, sondern das Make-up einfach aufmalte, was zusammen mit Raimis Inszenierung einen sehr starken Effekt auf das Publikum hatte.

Die größte Herausforderung neben dem Bau von falschen Köpfen, denen man Augen ausdrücken oder die man verbrennen konnte, war für Sullivan jedoch das Finale des Films, bei dem Raimi wollte, dass die dämonischen Kreaturen richtiggehend wegschmelzen. Diese Sequenz entstand in enger Zusammenarbeit mit Pierce und Philo, der neben der Kamera auch über die Ausleuchtung wachte.

Zuerst zeichnete Sullivan einige Storyboards, die dem, was im fertigen Film zu sehen ist, schon sehr nahe kamen. Ursprünglich hatte Raimi geplant, diese Sequenz noch in Tennessee zu drehen, wobei er das Schmelzen nur andeuten wollte, aber das Ende von TANZ DER TEUFEL schrie nach einem expliziten Abschluss. Dafür griff man auch auf Stop Motion zurück, bei dem Bild für Bild animiert und dann aufgenommen wird.

Erst mit dem Beinaheschluss des Zersetzungsprozesses setzen noch einmal „echte" Aufnahmen mit den aus den Körpern dringenden Armen ein. Das war genau das, was Raimi wollte. Der Schluss des Films sollte alles Vorhergegangene in den Schatten stellen und die gewalttätige Tour de Force auf den Punkt bringen.

Mit der Beendigung der Effektsequenzen hatte Raimi endlich einen fertigen Film. Was noch fehlte, war die musikalische Untermalung, für die er den jungen Musiker Joseph LoDuca verpflichtete. Im Vorfeld unterhielten sich Raimi und LoDuca darüber, wie die Musik sein sollte und wurden darüber zu Freunden, die noch oft miteinander arbeiten würden.

Da natürlich auch das Budget für die Musik recht begrenzt war, konnte LoDuca lediglich auf ein kleines Ensemble zurückgreifen, ergänzte deren Musik aber mit dem Synthesizer und schuf so etwas, das nach einem volleren Orchester klang. Darüber hinaus versorgte

LoDuca den Film auch mit ein paar seiner schaurigsten Soundeffekte. Mit dem Synthesizer erzeugte er den Ton, der als Untermalung für die wilden Kamerafahrten durch die Wälder dient.

Nachdem TANZ DER TEUFEL endlich fertig war, wobei sämtliche Beteiligten im Verlauf der langwierigen Produktion eine Vielzahl unterschiedlicher Jobs innehatten– Bruce Campbell war beispielsweise nicht nur der Hauptdarsteller, sondern auch der Ausführende Produzent, gelegentlich sein eigener Mann fürs Make-up und einer der „Benebler", die dafür zu sorgen hatten, dass der Nebel immer schön im Bild vorbeiweht – und damit lernten, wie man einen Film macht, erwies es sich als sehr viel schwieriger, den Film an den Mann zu bringen.

Keiner der amerikanischen Verleiher war an dem Streifen interessiert, so dass sich Raimi schließlich, der Verzweiflung nahe, an Irvin Shapiro wandte, der schon mehrere unabhängig produzierte Filme promotet hatte. Shapiro sorgte dafür, dass Raimi zusammen mit seinem Film nach Cannes kam. Dort war Shapiro ohnehin beschäftigt, die Auslandsrechte an der von George A. Romero inszenierten Stephen King-Verfilmung CREEPSHOW zu verkaufen. Da für Werbezwecke auch Stephen King nach Europa gekommen war, war es nicht weiter verwunderlich, dass sich der King of Horror in eine Vorstellung von TANZ DER TEUFEL verirrte. Und King war von dem Film begeistert.

Wie sehr, das sollte wenig später seine glühende Besprechung im „Twilight Zone"-Magazin zeigen. Mit dem Lob von King gesegnet, der Raimi auch erlaubte, mit einem seiner Zitate für TANZ DER TEUFEL zu werben, war es plötzlich gar nicht mehr schwierig einen Verleih in den USA für den Film zu interessieren. Das galt noch viel mehr, nachdem sich TANZ DER TEUFEL in Großbritannien bei der Kinoauswertung auf Platz 2 geschoben hatte und nur hinter E.T. zurückstecken musste. Mit dem Gütesiegel des sich damals auf dem Zenit befindenden King versehen, wurde TANZ DER TEUFEL zu einer Sensation, die man gesehen haben musste. Der Film trat seinen Siegeszug über die ganze Welt an, wobei er allerdings nicht in jedem Land unbeschadet davonkam. Nicht nur in Deutschland (siehe hierzu „Teufelstanz der Zensur"), sondern auch in anderen Ländern wurden Schnitte vorgenommen oder der Film gleich ganz aus dem Verkehr gezogen.

Das alles änderte jedoch nichts daran, dass Raimis Erstling zum Erfolg geworden war, wodurch natürlich die Frage nach einem Sequel schnell laut wurde. Schon damals dachte Raimi an THE EVIL DEAD 1300 AD, aber die Idee, seine Teufelssaga im Mittelalter fortzusetzen, konnte er erst zehn Jahre später wahr werden lassen.

Mit TANZ DER TEUFEL empfahl sich Raimi als einfallsreicher Regisseur, der es zwar versteht, gute Geschichten zu erzählen, sein Hauptaugenmerk aber auf die Präsentation der Geschichte legt. Dieser Umstand zeigt sich nicht nur an den aufregenden Kamerafahrten, die Raimi geschaffen hat, sondern auch an der Art, wie sich die Geschichte entwickelt.

Ohnehin ist sie nicht in der realen Welt angesiedelt. Das ist sie zwar schon aufgrund der Dämonen nicht, aber sie funktioniert viel mehr wie der von Raimi so sehr geliebte Slapstick, selbst wenn dieser Tradition nur subtil gewürdigt wird. Ash als cartoonhafte Figur ist dabei natürlich das ideale Medium. Die Szenen, in denen ihn die Dämonen fortwährend herumwerfen und er wieder und wieder in irgendeinem Regal landet, funktionieren tatsächlich wie ein Running Gag.

Dass TANZ DER TEUFEL trotz aller expliziten Szenen eine Verwandtschaft mit der Welt der Cartoons pflegt, zeigt nicht nur die Unverwüstlichkeit von Ash, der alles, was man gegen ihn aufwendet, tapfer einsteckt und dann einfach weiter ums Überleben kämpft, sondern auch das lang hinausgezogene Finale.

In den letzten 20 Minuten des Films gibt es kaum noch Dialoge. Ohnehin hätte Ash niemanden mehr, mit dem er reden könnte. Stattdessen wartet der Film mit Action pur auf, Dynamik und Rasanz in absoluter Perfektion. Man wird Zeuge des scheinbar nicht endenwollenden Kampfes zwischen Ash und den Dämonen, der nicht von ungefähr an die Gewaltorgien von Cartoons wie TOM UND JERRY erinnert. Hier wie dort sind Dialoge etwas Unwichtiges, das nur von der Handlung, der puren Aktion, ablenkt.

Es ginge natürlich zu weit, TANZ DER TEUFEL als fleischgewordenen Cartoon zu bezeichnen, aber die Ähnlichkeiten sind vorhanden und sicherlich auch gewollt. Wie gewollt, zeigt auch der zweite Teil, der sich noch mehr dem Humor verschreibt und dabei einen Ash zeigt, der im Vergleich zum Original sicherlich mehr als nur eine Handvoll IQ-Punkte verloren hat.

Da sich TANZ DER TEUFEL ansonsten nur mit wenig bis gar keinem Humor abgibt, ist Ash hier auch noch nicht der liebenswerte Idiot, der er in den Fortsetzungen sein wird. Anfangs ist er ein ruhiger, angesichts des Schreckens auch feiger, junger Mann, aber am Ende kämpft er ums nackte Überleben. Sämtliche Feigheit weicht der Erkenntnis, dass er nur überleben kann, wenn er endlich zurückschlägt.

Damit ist dieser Ash deutlich anders aufgebaut als seine späteren Versionen, auch wenn Raimi ihn und sein Alter Ego Bruce Campbell hier schon als Punchingball für das Publikum benutzt. Wirklich genießen kann man die Tour de Force, die der Dämlack Ash ertragen muss, jedoch erst in TANZ DER TEUFEL 2 und ARMEE DER FINSTERNIS, wo nicht nur er, sondern auch der ganze Film sehr viel komischer angelegt ist.

TANZ DER TEUFEL verfügt über Humor. Dieser ist nicht immer ganz offensichtlich, aber er ist ganz klar vorhanden. Zum Teil entsteht er auch aus der Übersteigerung, die Raimi durch die schiere Masse an blutigen Effekten zu erzeugen versteht, durch die mitunter der Schrecken schwindet und durch (hysterisches) Lachen ersetzt wird.

Der Aufbau des Films ist denkbar einfach. Raimi war sich bewusst, dass bei seinem ersten großen Film viele Schwierigkeiten einfach aus der Unerfahrenheit sämtlicher Beteiligter entstehen würden, weswegen er von vornherein eine Geschichte konzipierte, die an einem Ort gebunden war. Damit ließen sich größere logistische Probleme, die bei einer Vielzahl verschiedener, eventuell sogar weit auseinander liegender Drehorte, einfach entstanden wären, verhindern.

Bei TANZ DER TEUFEL bedient sich Raimi einer Standardgeschichte, die sich in einem Satz zusammenfassen lässt. Das ist aber kein grober Nachteil, da wenige Filme auf wirklich komplexe Geschichten zurückgreifen. Raimis Vorteil liegt jedoch in seiner Kunstfertigkeit, mit der er seine Geschichte präsentiert. Erst bietet er jene schwindelerregende Kamerafahrt durch die düsteren Wälder, die dem Publikum schon klarmacht, dass den Helden, denen man erst nach dem Verlauf dieser Kamerafahrt begegnet, Unheil droht.

Bei der Wahl der Charaktere orientiert sich Raimi an die üblichen Horror-Protagonisten. Nette, junge Leute, vermutlich Studenten, die einfach ein wenig Spaß haben wollen. Etwas Aufruhr bringt er jedoch sofort in die Gruppe, da er in ihr eine Außenseiterin platziert: Cheryl.

Sie hat keinen Freund, der sie auf diesen Trip begleiten könnte und da sie sich in dieser Hütte offensichtlich nicht sehr wohl fühlt, ist wahrscheinlich, dass sie nur mitkam, weil ihr Bruder eben auch fuhr. Dabei ist Cheryl nicht nur die Außenseiterin der Gruppe, sondern auch sehr viel empfänglicher für das, was an diesem verfluchten Ort vor sich geht. Zu einem frühen Zeitpunkt erlebt sie ein übernatürliches Ereignis, an dessen Ende sie das Gesicht, welches „Das Buch der Toten" schmückt, anblickt.

Mit relativ subtilen Mitteln wie der schnell gekritzelten Zeichnung oder der plötzlich stehenbleibenden Uhr, denen man mit ein wenig Phantasie auch noch natürliche Ursachen zuschreiben könnte, legt Raimi die Stimmung fest. Dabei sind dies noch nicht einmal die ersten Anzeichen der Bedrohung, die von diesem Ort ausgeht. Als der Wagen der fünf Freunde auf die Hütte zufährt, wählt Raimi einen recht außergewöhnlichen Winkel, um ihn ins Bild zu nehmen. Die Kamera befindet sich hier mehrere Meter hinter dem Wagen und nimmt ihn aus einer erhöhten Position auf. Das leichte Wackeln sowohl des im Bild befindlichen Wagens wie auch der Kamera sorgt zum einen für eine unbewusste Identifikation mit den Insassen des Wagens und macht zum anderen deutlich, dass die Mächte, die mit den fünf Menschen bald spielen werden, ihnen haushoch überlegen sind.

Ein anderes subtiles Mittel, die Spannung zu steigern, ist die schaukelnde Bank vor der Hütte, die bedrohlich gegen die Wand schlägt und plötzlich stehen bleibt. Wie später bei der Uhr wird auch hier die Zeit quasi angehalten. Für einen Moment verharren Figuren und Zuschauer bevor die Spannung gebrochen wird und der normale Verlauf des Films weitergeht.

Szenen wie diese sind von ihrer Wirkung her bedrohlicher als jeder noch so realistisch ausgeführte

Effekt, der später kommt. Natürlich sind die Gewaltszenen von expliziter Natur und werden Leuten mit weniger gutem Magen zu schaffen machen, aber die Wirkung echten Horrors können sie nicht erzeugen.

Das wusste auch Raimi, weswegen er es sich verkniffen hat, das Böse, das im Wald lebt, zu zeigen. Nur aus der subjektiven Sicht der Bestie, wenn sie durch die Wälder und das Haus rast, kann man sie erahnen. Als Zuschauer nimmt man den Platz der Kreatur ein, erfährt aber nichts zu ihrem Aussehen. Gerade das macht sie aber so furchterregend.

Im Bereich des Horrorfilms ist es kein Geheimnis, das kein Effekt, keine Maske und kein Monster je der Phantasie der Zuschauer gleichkommen wird. Man mag sie zwar mit dem einen oder anderen erschrecken und anekeln können, aber wirkliche Angst lässt sich dadurch nicht erzeugen. Ein besonders gutes Beispiel hierfür ist BIS DAS BLUT GEFRIERT, eine Spukhausgeschichte, bei der die Schrecken nur der Phantasie des Zuschauers entspringen. Trotzdem gibt Raimi seinem Monster natürlich eine Gestalt, auch wenn es nicht die eigene ist. Die Dämonen übernehmen die Menschen, machen sie zu hässlichen Karikaturen ihrer selbst und nehmen damit eine Gestalt an, die auch bekämpft werden kann.

Und obwohl das Böse damit sichtbar wird, geht der Schrecken doch von der nicht sichtbaren Kreatur außerhalb der Hütte aus, während ihre Ausleger in Form der zu Dämonen gewordenen Menschen nur als physische Unterstützung dienen. Sie sind eklig und hässlich, keine Frage, aber nicht wirklich angsteinflößend. Das werden sie erst durch das hysterische Gelächter oder die in gutturaler Stimmlage gesprochenen Drohungen, jeden der Menschen zu bekommen und sie zu einem der ihren zu machen.

Wie Raimi bei einem Interview meinte, war TANZ DER TEUFEL ursprünglich mit sehr viel weniger Blut geplant. Und tatsächlich kann man sich gut vorstellen, wie der Film sein könnte, würde er auf die Blutorgien verzichten. Zugegeben, sie sind ein wichtiges Element, warum TANZ DER TEUFEL zum Erfolg wurde, aber derselbe Erfolg hätte sich auch mit einer blutleeren Geschichte, die auf bloßen Terror und pure Angst setzt, erreichen lassen.

Man denke nur an TEXAS CHAINSAW MASSACRE, der trotz seines Titels nur sehr wenig wirklich explizite Szenen bietet, aber dennoch ein Beispiel echten Terrors ist. Das hat auch Raimi erkannt, der Tobe Hoopers kleines Meisterwerk als eine der Inspirationen für TANZ DER TEUFEL nennt. Nicht von ungefähr gibt es in TANZ DER TEUFEL eine Hommage an die von Knochen übersäte Residenz der Saw-Family. Als Scotty sich das Haus ansieht und auch in den Werkzeugschuppen kommt, kann man an den Wänden Knochen und merkwürdige Werkzeuge erkennen, die auch Leatherface und seiner Sippe gut zu Gesicht gestanden hätten. Später wird mit einem zerrissenen Poster von HÜGEL DER BLUTIGEN AUGEN auch noch Wes Craven gehuldigt, der sich mit NIGHTMARE – MÖRDERISCHE TRÄUME bei Raimi revanchierte und seinen TANZ DER TEUFEL nutzte, um die vom Traumkiller geplagte Heldin Nancy am Einschlafen zu hindern.

TANZ DER TEUFEL ist ein Klassiker des Genres, war es eigentlich schon bei seinem Debüt. Wie kaum ein anderer Film verbindet Raimis Werk leichte Anwandlungen von Humor mit unglaublich detaillierten Effektszenen, die – auch wenn so manches wie der per Stop Motion erreichte Zersetzungsprozess nicht vollkommen überzeugen – ihresgleichen suchen und mit einer Qualität aufwarten, die schnell vergessen lässt, wie klein das Budget eigentlich war. Darüber hinaus wartet der Film mit einem stufenweisen Aufbau der Geschichte auf, bietet eine innovative Art der Präsentation, vor allem natürlich der Kamera, und ist genau das, was man unter einer filmischen Achterbahnfahrt versteht: Ein Ereignis, das das Blut in Wallung bringt und beim Betrachten pures Adrenalin freisetzt.

Mit TANZ DER TEUFEL hat sich Raimi, so wie seine Horrorkollegen John Carpenter mit HALLOWEEN oder George A. Romero mit NIGHT OF THE LIVING DEAD, ein frühes Denkmal gesetzt, das leicht dazu hätte führen können, dass der Regisseur in eine Schublade gesteckt worden wäre. Aber im Gegensatz zu Carpenter und Romero gelang es Raimi, außerhalb des Horrorfilms tätig zu werden, auch wenn dazu der Umweg über das Fernsehen nötig war.

Nach dem Erfolg von TANZ DER TEUFEL erwartete eigentlich jeder eine Fortsetzung, aber so leicht wollte es sich Raimi nicht machen. Er hatte eine Idee, wie man die Geschichte fortsetzen konnte, aber zuvor wollte er sich mit seinen Freunden, den Gebrüdern Coen, an einem völlig anderen Genre versuchen. Gerade das sollte ihn jedoch zwingen, sich den tanzenden Teufeln schneller zu widmen, als erwartet.

Tanz der Teufel II

Originaltitel: The Evil Dead II – Dead by Dawn
USA 1987
Regie: Sam Raimi
Drehbuch: Sam Raimi, Scott Spiegel
Produzenten: Bruce Campbell, Robert Tapert, Irvin Shapiro, Alex De Benedetti
Musik: Joseph LoDuca
Kamera: Peter Deming
Schnitt: Kaye Davis
Special Make-up Effects: Howard Berger, Robert Kurtzman, Greg Nicotero
Darsteller: Bruce Campbell (Ash), Sarah Berry (Annie Knowby), Dan Hicks (Ed), Kassie DePaiva (Bobbie Joe), Ted Raimi (Henrietta), Denise Bixler (Linda), Richard Domeier (Ed Getley), John Peaks (Raymond Knowby), Lou Hancock (Henrietta Knowby), Snowy Winters, Josh Becker, Sam Raimi

Ash fährt mit seiner Freundin Linda in eine kleine Berghütte, die zwar etwas heruntergekommen ist, aber für ihre Zwecke allemal reicht. Sie wollen ein bisschen allein sein, Zeit füreinander haben, und dafür ist diese abgelegene Hütte inmitten der Wälder genau richtig.

Als Ash ein Tonband findet, spielt er es ab. Darauf berichtet Dr. Knowby von seinen Reisen, bei denen er das Buch der Toten fand. Weiter erzählt er, dass in dem Buch Formeln enthalten sind, die das Böse zum Leben erwecken und ihm die Macht gibt, Menschen in seinen Besitz zu nehmen. Dann fährt Knowby mit dem Rezitieren einiger Formeln fort, wodurch das Böse in den Wäldern geweckt wird. Es kommt und reißt Linda mit sich. Als Ash das zerstörte Fenster vorfindet, gerät er in Panik und sucht nach Linda.

Tatsächlich findet er sie auch, aber Linda ist längst zu einem Dämon geworden. Als sie ihn angreift, schlägt er ihr mit einer Schaufel den Kopf ab und beerdigt ihre Leiche. Kurz darauf schleudert das Böse im Wald Ash durch die Luft, woraufhin er in einer Pfütze landet und beinahe ertrinkt. Als er sich jedoch erhebt, trägt er das Gesicht eines Dämons, das aber schnell schwindet und ihn wieder normal werden lässt.

Nach diesem Erlebnis will sich Ash aus dem Staub machen, aber als er sich mit seinem Wagen der Brücke nähert, muss er feststellen, dass diese zerstört wurde. Da die Nacht hereinbricht, beschließt Ash, in die Hütte zurückzukehren, da er sich dort ein wenig sicherer fühlt. Dabei wird er wieder von dem Bösen verfolgt, aber es gelingt ihm gerade noch rechtzeitig, die Hütte zu erreichen.

Derweil landet Annie Knowby, die Tochter von Dr. Knowby, am nahegelegenen Flughafen. Mit sich führt sie einige fehlende Seiten aus dem „Buch der Toten". Zusammen mit ihrem Freund Ed macht sie sich zur Hütte auf, da sie dort zusammen mit ihrem Vater an der Übersetzung der Seiten arbeiten will.

Der arme Ash bekommt es inzwischen mit Linda zu tun, die ihr Grab verlässt, sich den Kopf wieder aufsetzt und nach ihrem Geliebten Ausschau hält. Dabei beißt sie ihm auch in die Hand, was für Ash noch weitreichende Folgen haben soll. Erst als er ihren Kopf in einen Schraubstock spannt, kann er sich von ihren Biss befreien. Da greift jedoch ihr restlicher Körper mit einer Kettensäge an. Es gelingt Ash, ihn zu überwältigen und mit der Säge zu zerstückeln, so dass er keine weitere Gefahr darstellt.

In der Hütte findet er ein Gewehr, das ihm ein Gefühl von Sicherheit gibt, aber die grausigen Ereignisse innerhalb der Hütte – wie ein sich von selbst bewegender

Schaukelstuhl – zeigen ihm schnell, dass er nicht wirklich sicher ist. Als er in den Spiegel blickt und versucht, sich zu beruhigen, spricht sein böses Selbst mit ihm. In dem Moment verändert sich die Hand, die von Linda gebissen wurde. Sie ist nun die Klaue eines Dämons, die Ash attackiert.

Während Ash sich mit seiner Hand herumschlagen muss, erkennen Annie und Ed, dass sie über die Brücke nicht zu der Hütte gelangen werden. Sie treffen jedoch auf Jake und seine Freundin Bobbie Joe, die sich anbieten, sie für ein Entgelt über einen kleinen Weg zu der Hütte zu führen.

Ash bezieht von seiner Hand Prügel, so dass er sich gezwungen sieht, sie mit der Kettensäge abzutrennen. Damit ist die Hand aber noch lange nicht erledigt. Es gelingt ihr, sich aus ihrem Gefängnis zu befreien, wodurch sie für Ash wieder zur Gefahr wird. Mit mehreren Kugeln gelingt es Ash jedoch, seine Hand endlich zu erlegen.

Wenig später tauchen Annie und die anderen auf, aber als Ash unkontrolliert um sich schiesst, schlagen sie ihn nieder. Da sie Ash für den Mörder von Annies Eltern halten, werfen sie ihn in den Keller. Danach hören sie sich den Rest des Tonbands von Dr. Knowby an. Er erzählt, wie seine Frau Henrietta von einem Dämon in Besitz genommen wurde. Als sie versuchte, ihn umzubringen, musste er sich wehren, aber da er es nicht über sich bringen konnte, sie zu zerstückeln, begrub er sie im Keller.

Als Ash das hört, erwacht Henrietta aus ihrem Schlaf und möchte sich an ihn heranmachen. Ash gerät in Panik, aber die anderen können ihn gerade noch rechtzeitig aus dem Keller befreien. Henrietta kommt für kurze Zeit auch frei, wobei Bobbie Joe durch einen kleinen Zwischenfall einen ihrer Augäpfel verschluckt, wird dann aber wieder in den Keller gesperrt. Nachdem sie einen Moment Ruhe haben, berichtet Ash den anderen, was er weiß.

Da verwandelt sich Ed in einen Dämon, da er bei dem Kampf mit Henrietta verletzt wurde. Als erstes greift er Bobbie Joe an. Der Kampf gegen die Dämonen verläuft schlecht, bis Ash eine Axt holt und Ed ein für allemal zerlegt. Da taucht eine Erscheinung von Annies Vater auf, der ihnen erklärt, dass sie das Böse mit dem Rezitieren einer Passage aus dem Buch aufhalten müssen.

Aus lauter Panik läuft Bobbie Joe in den Wald, der um sie herum zum Leben erwacht und sie mit sich reißt. Derweil sehen sich Ash und Annie die Blätter aus dem Buch der Toten an, aus denen hervorgeht, dass das Böse einen Körper braucht, der dann durch einen Nexus in Raum und Zeit verschlungen werden kann. Probleme ergeben sich, weil Jake nach Bobbie Joe suchen und Ash und Annie dafür mitnehmen will. Da er die Seiten des Buches für Schwachsinn hält, wirft er die Blätter in den Keller zu Henrietta.

Gemeinsam geht man, nach Bobbie Joe suchend, in den Wald. Da verwandelt sich Ash wieder in einen Dämon, weswegen Annie zurück in die Hütte flieht. Als Jake zur Hütte kommt, verwechselt Annie ihn mit Ash und rammt ihm einen Dolch in die Brust. Daraufhin versucht Ash, in die Hütte zu gelangen. Als ihm das gelingt, wird er jedoch wieder normal, hat aber einige Schwierigkeiten, Annie zu überzeugen, ihn nicht mit einer Axt über den Jordan zu schicken.

Da man in den Keller muss, um die Seiten zu holen, wird es Zeit für einige Vorbereitungen. Ash baut eine Vorrichtung, durch die er die Kettensäge an seinem Armstumpf tragen kann, während er in der anderen Hand die Flinte hat. Nachdem seine Vorbereitungen abgeschlossen sind, begibt sich Ash in den Keller. Dort wird er auch fündig, wird dann aber von Henrietta angegriffen.

Während Ash nun gegen Henrietta kämpft, beginnt Annie damit, die entsprechenden Passagen aus dem Buch vorzutragen, um so dem Spuk ein Ende zu machen. Mit der Formel gibt sie dem Bösen Gestalt und öffnet einen Riss in Raum und Zeit. Dabei findet sie den Tod, kann die Formel aber beenden und so über das Böse triumphieren. Mit ihm wird jedoch auch Ash in den Strudel gerissen.

Ash landet nun im 13. Jahrhundert, wo ihn einige Ritter erledigen wollen, aber nachdem er einen fliegenden Dämon erschießt, zeigt sich, dass er der Held ist, auf den man solange gewartet hat.

Nachdem sich Raimi an DIE KILLER-AKADEMIE versucht hatte und Schiffbruch erlitt, blieben ihm nicht viele Möglichkeiten, weiter als Regisseur zu arbeiten. Ohnehin hatte sich die Veröffentlichung von DIE KILLER-AKADEMIE hingezogen und als der Film schließlich seine Premiere hatte, war er vom produzierenden Studio Embassy so umgeschnitten worden, dass er nicht mehr dem entsprach, was Raimi und seine Partner, die Coen-Brüder, im Sinn gehabt hatten.

Raimi war klar, dass er am einfachsten die finanziellen Mittel für eine Fortsetzung von TANZ DER TEUFEL auftreiben konnte. Darum fanden auch erste Gespräche mit Embassy statt, die sich allerdings vor einer Entscheidung drückten und eine Verwirklichung dieses Films in weite Ferne treten ließen. Rettung nahte jedoch in Form von der Dino DeLaurentiis Entertainment Group. Alex DeBenedetti, einer von DeLaurentiis' besten Männern, wandte sich an Raimi und ließ anfragen, ob er Interesse daran hätte, einen Film zu machen. Als das Gespräch auf TANZ DER TEUFEL II kam, erklärte

DeBenedetti, mit der Produktion sofort zu beginnen, falls Raimi den Film mit der DEG machen wollte.

Raimi und sein Partner Tapert mussten nicht lange darüber nachdenken, sondern nahmen das Angebot an, was dem Regisseur umso mehr behagte, da er mit Embassy ohnehin schon genug schlechte Erfahrungen gemacht hatte. Die Arbeit mit der Firma von DeLaurentiis verlief dagegen sehr viel ruhiger.

Der erste Drehbuchentwurf, den Raimi mit Sheldon Lettich geschrieben hatte und der mit dem Untertitel „Die Armee der Finsternis" das vorweggenommen hätte, was im dritten Teil verwirklicht wurde, wurde verworfen, da er mit dem vorhandenen Budget nicht zu realisieren gewesen wäre. Darum begann Raimi, zusammen mit Scott Spiegel, ein neues Drehbuch zu verfassen, das alles überschaubarer hielt und fast ausschließlich in der Berghütte spielte.

Abgesehen davon, dass das Budget von 3,75 Millionen Dollar nicht überschritten werden durfte und der Film ein R-Rating (für Jugendliche ab 16 Jahre) haben musste, hielt sich DeLaurentiis aus der Produktion zurück und ließ Raimi sein eigenes Ding machen. Damit genoss der Regisseur eine Freiheit, die beinahe der des ersten Teils glich. Aufgrund des R-Ratings war er zwar gezwungen, den Gewaltpegel etwas zu senken, aber er konnte immer noch mit einer Menge Effekten aufwarten. Ärgerlich war im Nachhinein nur, dass der Film doch Unrated aufgeführt wurde, man sich also nicht hätte zurückhalten müssen.

Die Dreharbeiten für TANZ DER TEUFEL II fanden nicht in Tennessee statt, sondern begannen am 10. Mai 1986 in Wadesboro, North Carolina, wo auch Steven Spielberg schon seinen Film DIE FARBE LILA inszeniert hatte. Tatsächlich wurde das große weiße Farmhaus, das in DIE FARBE LILA Miss Celie gehörte, zum Produktionsbüro für TANZ DER TEUFEL II. Weitere Aufnahmen wurden in den DeLaurentiis-Studios in Wilmington gemacht.

Da die alte Hütte, die man beim ersten Teil benutzt hatte, mittlerweile längst abgebrannt war, bot es sich auch deswegen schon an, für die Arbeit am zweiten Teil in eine andere Gegend zu ziehen. Und um dem Budget gerecht zu werden, verlegte man sich eben auf eine Geschichte, die im Vergleich zum Original weniger eine Fortsetzung als vielmehr ein Remake ist. Dabei wollte Raimi eigentlich schon eine echte Fortsetzung machen, aber als die Möglichkeit, das bisher Geschehene in Rückblicken noch einmal dem Publikum vorzuführen, ausfiel, blieb dem Regisseur nichts anderes übrig, als die Geschichte von TANZ DER TEUFEL ein wenig umzuschreiben und noch einmal von vorne zu beginnen.

Aufgrund einiger rechtlicher Probleme konnte Raimi keine Szenen seines ersten Films verwenden, so dass er hier quasi in der Zwickmühle saß und sich für die seiner Ansicht nach beste Möglichkeit, das Problem zu lösen, entschied.

Dass TANZ DER TEUFEL aufgrund des R-Ratings zahmer sein würde, versuchte Raimi zu kaschieren, indem er neben so mancher Blutfontäne auf Szenen, die die Zerstückelung von Körpern in allen Einzelheiten zeigen, verzichtete und mehr auf Schauwerte wie aufregende Dämonen und eine rasante Inszenierung setzte. Aber selbst hier gab es Szenen, die noch zu hart waren, als dass sie den Endschnitt überstanden hätten. Als beispielsweise Ash den zum Dämonen gewordenen Ed zerstückelt, wurde dessen Zerlegung sehr viel ausführlicher auf Film gebannt, aber die entsprechende Szene hatte kaum eine Chance, im Film zu bleiben. Selbst nachdem das Rating kurzfristig geändert worden war, wurde diese Szene nicht wieder eingefügt.

Frühzeitig entschied man sich dazu, dass das Aussehen der Dämonen anders als beim ersten Teil sein sollte. Während man damals aufgrund der relativen Unerfahrenheit von Tom Sullivan und des niedrigen Budgets hauptsächlich mit aufgemaltem Make-up hantierte, griff man bei der Fortsetzung auf Prothesen zurück, die im Gesicht des Schauspielers angebracht wurden. Raimi wollte, dass jeder Dämon einen ganz eigenen Look hat, wobei er bei Lindas Erscheinung die Ähnlichkeit zu einer Puppe hervorgehoben haben wollte. Dadurch ähnelt ihr Make-up auch noch am ehesten dem aus TANZ DER TEUFEL.

Um das unterschiedliche Aussehen noch zu verstärken, wurden verschiedene Firmen für die Gestaltung der einzelnen Monster engagiert. Unter den begabten Effektkünstlern befanden sich neben Tom Sullivan solch namhafte Genregrössen wie Mark Shostrom, Greg Nicotero, Howard Berger und Robert Kurtzman.

Shostrom war für das Aussehen von Henrietta zuständig. Dabei wurde Henrietta in ihrer menschlichen Form von einer Schauspielerin, als Dämon von Ted Raimi und schließlich von einer Stop-Motion-Kreatur gespielt. Ted Raimi, der hier seine erste größere schauspielerische Arbeit hinter sich bringen konnte, hatte einen schweren Ganzkörperanzug zu tragen, der entsprechend ausgestopft war, um Henriettas Bauch und Oberschenkeln den richtigen Zellulitislook zu geben.

Bedauerlich für Ted war dabei, dass die Dreharbeiten zur heißesten Zeit des Jahres stattfanden, wobei die Temperaturen unter der Maske noch um ein Vielfaches höher waren. Darum wurde der Drehplan auch umgestellt, damit man die Szenen mit Ted nachts, wenn es wenigstens ein bisschen kühler war, drehen konnte.

Angesichts des Gewichts, das das Kostüm mit sich brachte, kam es natürlich auch zu unvorhergesehenen Problemen. Als einige Produktionsassistenten Ted eines Tages durch die Kellertür hievten, verlor der Schauspieler das Gleichgewicht und fiel auf den Boden. Dadurch riss das Kostüm in der Mitte, woraufhin Mark Shostrom und Greg Nicotero, die als einzige von der Special Make-up-Crew noch am Set waren, sich abmühten, den Schaden so gut, wie es nur ging, zu verbergen.

Für das Henrietta-Monster, dem ein giraffenartiger Hals wächst und dessen Gesicht vollkommen verzerrt ist, benutzte man traditionelle Stop-Motion, die sich seit ihren Ursprüngen in den 20er Jahren nicht wesentlich verändert hatte. Zwar erkennt man Stop-Motion auf Film immer, aber sofern die Szenen gut gemacht sind, verfügen sie über einen ganz eigenen Charme, der Filme wie SINDBADS SIEBENTE REISE oder KING KONG UND DIE WEISSE FRAU zu Klassikern gemacht hatte.

Stop Motion gehört auch zu den bevorzugten Trickarten von Tom Sullivan, der stets von den wundervollen Ray-Harryhausen-Schöpfungen beeindruckt war. Sullivan, dessen Beziehung zu Raimi und Tapert diesmal gespannter als je zuvor war, verwirklichte Lindas Tanz auf ihrem Grab, wofür man auf Stop-Motion zurückgriff. Nachdem Sullivan zu der Crew gestoßen war, gab es schon Probleme, da seine Ankunft aufgrund eines defekten Wagens, den ihm Raimi vermittelt hatte und der Feuer fing, dem er aber gerade noch entgehen konnte, verzögert wurde.

Als Raimi und Tapert von diesem Zwischenfall hörten, fanden sie das eher lustig als betroffen zu sein, was Sullivan, durchaus verständlich, vor den Kopf stieß. Als er die Produktion nach zwei Wochen verließ, weil es einen familiären Notfall gab, sorgte das nicht gerade für ein besseres Verständnis zwischen den Männern.

Er kehrte erst bei der Nachproduktion zu TANZ DER TEUFEL II zurück und arbeitete dann zusammen mit Doug Beswick an dem fliegenden Dämon, der am Schluss des Films über den Rittern segelt und von Ash erschossen wird. Auch hierfür wurde Stop-Motion benutzt, obwohl der Schädel, den Ash mit der Schrotflinte wegpustet natürlich in voller Größe gebaut werden musste und mit Hilfe einer Menge Gelatine entstand.

Raimi wollte, dass der fliegende Dämon den Harpyien aus dem Harryhausen-Klassiker JASON UND DIE ARGONAUTEN, dem er mit ARMEE DER FINSTERNIS eine weitere Hommage setzen sollte, ähnelt.

Einer der schönsten Effekte des Films ist jedoch Ashs abgetrennte Hand. Die diesbezüglichen Effekte wurden sowohl per Stop-Motion, wie auch ferngesteuert und mit Hilfe einer echten Hand geschaffen. Je nachdem, was die zu filmende Szene verlangte, entschied man, welche Hand nun am besten zum Einsatz kommen sollte. Am herausragendsten war sie aber ohne Frage am Körper von Bruce Campbell, der hier wohl eine der besten Darstellungen seiner Karriere abgeliefert hat.

Eines der wichtigsten Utensilien des Films ist Ashs Kettensäge, die im Verlauf des Films zu einem Teil des Charakters wird. Für die Szenen, in denen Ash die Kettensäge auf seinem Armstumpf montiert hat, musste die Kettensäge natürlich modifiziert werden. Damit Campbell seine Hand in das Gehäuse der Säge stecken konnte, wurde der benzinbetriebene Motor entfernt und durch einen kleinen, mit 12 Volt betriebenen

Elektromotor ersetzt. Damit die Säge aber nach wie vor Rauch von sich geben konnte, musste Verne Hyde, der von Campbell zu der Produktion gebracht worden war, einen Plastikschlauch am Bein des Schauspielers entlang bis zur Kettensäge führen, um so die Illusion einer voll funktionsfähigen Kettensäge zu erzeugen. Der Sicherheit wegen wurden natürlich die Zähne der Säge abgefeilt, um versehentliche Verletzungen zu vermeiden.

Nach dem Ende der Hauptdreharbeiten kehrte Raimi nach Detroit zurück, wo er noch die Nachproduktion inklusive vieler Effekte, die erst noch herzustellen waren, überwachen musste. Anders als im Original wurde bei TANZ DER TEUFEL II auch mit Miniaturen gearbeitet. Hierfür wurden die von Gary Jones gegründete Firma Acme Effects und Tom Hitchcocks Illuminations Effects angeheuert. Jones und Hitchcock bauten die Hütte inklusive dem sie umgebenden Wald in Miniaturform nach und waren auch für die zerstörte Brücke verantwortlich.

Während die beiden Männer unter dem Eindruck arbeiteten, dass TANZ DER TEUFEL II wie sein Vorgänger ein ernster Horrorfilm werden würde, revidierten sie diese Meinung, nachdem sie den fertigen Film gesehen hatten. Denn obwohl sie die Hütte und die Bäume so realistisch wie irgend möglich gebaut hatten, war klar, dass man sie bei längeren Aufnahmen unweigerlich als Miniatur erkennen würde. Darum dachten sie auch, Raimi würde die Miniaturen nur für kurze Einstellungen benutzen, aber er hielt mit der Kamera mehrere Sekunden lang drauf, so dass jeder erkennen musste, womit er es hier zu tun hatte. Nach Jones' und Hitchcocks Meinung legte Raimi bei diesem Film mehr Wert auf den Humor, den er mit den gewollt unwirklich wirkenden Miniaturen noch erhöhen wollte.

Zumindest Dino DeLaurentiis war mit dem Ergebnis jedoch sehr zufrieden, denn ihm gefielen die Miniatur-Aufnahmen so gut, dass er Raimi gar anregte, noch ein paar mehr in den Film mitaufzunehmen.

Weiterhin drehte man mit Bruce Campbell einige Szenen im Inneren der Hütte, die nachgestellt wurde, wobei hauptsächlich Material benötigt wurde, das mit dem Blutbad aus den Wänden, das bereits bei den Hauptdreharbeiten aufgenommen worden war, ergänzt werden konnte.

Nach der Fertigstellung des Films wurde TANZ DER TEUFEL II der MPAA, dem amerikanischen Pendant zur FSK, vorgelegt, die ihm das gewünschte R-Rating verweigerte. Da DeLaurentiis den Film jedoch auch nicht schneiden lassen wollte, nahm er das X-Rating in Kauf, brachte den Film jedoch nicht mehr unter seiner Firma DEG heraus. Darum wurde Rosebud Releasing, ein Tochterunternehmen von DEG, ins Leben gerufen.

Anfang des Jahres 1987 startete TANZ DER TEUFEL II in ausgesuchten Märkten, wobei wenig später eine landesweite Auswertung folgte. Der Film erwies sich als weniger erfolgreich als der Vorgänger. Einerseits vielleicht, weil er das harte Zielpublikum mit den weniger harten Effekten enttäuschte, andererseits, weil diese weniger harten Effekte für das normale Mainstream-Publikum noch immer sehr hart waren. Als Flop kann man TANZ DER TEUFEL II jedoch trotzdem nicht bezeichnen. Der Film spielte bei der Kinoauswertung zwar nicht allzuviel ein, aber mit weiteren Vermarktungsmöglichkeiten, die auch heute noch nicht erschöpft sind, hat die DEG sein Geld mehr als zurückbekommen.

Warum der Film selbst nicht zum großen Hit wurde, ist eine Frage, die müßig ist. Natürlich hätte man sich als Fan des Originals bei der Effektpalette etwas explizitere Ausschweifungen gewünscht, aber der Film wartet auch so mit sehr guten Effekten und wahren Blutfontänen auf. Dabei wird der Ekelfaktor von TANZ DER TEUFEL II jedoch zurückgeschraubt, so dass eigentlich ein größeres Publikum hätte angesprochen werden müssen.

Der Film selbst ist eine filmische Achterbahnfahrt. Das war der Vorgänger zwar auch schon, aber hier werden die Thrills mit einer deutlich größeren Menge Humors verabreicht. Am Beispiel von Ash sieht man schon, dass das Cartoonhafte sehr viel stärkere Ausmaße angenommen hat. Ash ist nun weniger ein glaubwürdiger Charakter als vielmehr ein fleischgewordener Wile E. Coyote oder Tom, die in ihren Zeichentrickfilmen auch einstecken können, ohne jemals wirklich verletzt zu werden.

Die einzige männliche Scream Queen des Horrorfilms – keiner schreit so gut wie Campbell – ist hier voll und ganz in ihrem Element. Campbell meinte bei einem Interview anlässlich der Vorberichterstattung zu TANZ DER TEUFEL II, dass er es liebt, als Ash durch die Gegend gewirbelt zu werden. Ash ist der Idiot, den jeder irgendwann mal kannte, weswegen es gerade so viel Spaß macht, zuzuschauen, wie er immer wieder einen vor den Latz geknallt bekommt.

Gleichzeitig ist Ash ein waschechter Held, der sich dem Bösen entgegen wirft ohne groß an die Folgen zu denken. Er ist ein mutiger Charakter, der den Kampf gegen die inneren und äußeren Dämonen seines Lebens aufgenommen hat. Nichtsdestotrotz ist er einer jener Charaktere, bei denen man gerne sieht, wie eben alles schiefgeht, was sie anpacken.

Der humoristische Höhepunkt des Films ist Ashs Kampf mit der eigenen Hand. Campbell gelingt es überzeugend, sich so zu gebärden, dass man tatsächlich zu glauben bereit ist, seine Hand könnte gegen ihn aktiv werden. Wie sich Campbell mit der eigenen Hand den Kopf an die Wand schlägt und sein Gesicht mit Tellern attackiert, ist ein Anblick, der die Lachmuskeln strapaziert. Diese Szene gehört nicht von ungefähr zu Campbells liebsten aus der Trilogie.

Wie verlockend die Idee ist, zeigte Jahre später auch ein Film wie DIE KILLERHAND, der das Thema recht gelungen in einem ganzen Film umsetzte. Campbell zeigt bei dieser Sequenz bestens, dass er ein natürliches Gespür für Komik, vor allem natürlich den geliebten Slapstick, hat.

Der Humor bei der Szene mit der besessenen Hand kommt jedoch nicht nur aus purem Slapstick, sondern ist auch subtilerer Natur. Nachdem Ash sich die Hand abgetrennt und einen Eimer darüber gestülpt hat, beschwert er diesen mit einigen Büchern. Der für diesen Film doppeldeutige Titel des obersten Buches ist dabei sehr gut lesbar: A Farewell to Arms.

Nicht nur aufgrund dieser Darstellung war so mancher Kritiker später versucht, in Bezug auf diesen Film davon zu sprechen, dass Campbell das vorwegnahm, wofür Jim Carrey heute weltberühmt ist. Und das ist nicht einmal so falsch, wenngleich Campbell den Humor weniger durch ein Knetgummigesicht erzeugt als vielmehr durch die Situationen, in die seine Figur gerät.

Hinzu kommt natürlich, dass Ash hier mehr zu einem coolen Charakter gemacht wird. Während er im ersten Teil ein armer Idiot, ein Feigling war, der endlich den Mut fand, für sein Überleben zu kämpfen, ist er hier – aller Dummheit zum Trotz – ein echter Held mit Kultcharakter. Auf diesen haben Raimi und Campbell ganz sicher auch hingearbeitet. Die definierende Szene ist ganz klar jene, in der Ash sich seine Kettensägenhand baut und nach getanem Werk nur eins zu sagen hat: „Groovy."

Ein selten dämlicher Ausspruch, aber aus dem Mund eines Typen wie Ash wird daraus tatsächlich etwas Cooles. Eine andere, sehr schöne Szene, die den Heldencharakter von Ash zeigt und ihn mit einem markigen One-Liner versieht, ist jene, als er Henriettas Kopf mit seiner Flinte wegpustet. Nachdem diese ihn damit aufgezogen hat, seine Seele zu verzerren, gibt ihr Ash etwas, das sie schlucken kann: eine Ladung Schrot. Begleitet von dem Spruch: „Swallow this".

Der Humor des Films ergibt sich aus den Situationen, die man sich auch bei den „Three Stooges", den erklärten Lieblingen von Raimi und Campbell, vorstellen kann. Dabei gelingt Raimi die Synthese aus Schrecken und Lachen, die sich am besten vielleicht in der Szene zeigt, in der das Mobiliar der Hütte zum Leben erwacht und Ash verhöhnt. Solange, bis dieser, beinahe schon hysterisch, in ihr Gelächter einfällt und alles aus sich herauslässt.

Raimi schafft Szenen intensiven Terrors, die dem Original in nichts nachstehen, peppt das alles aber mit einer gehörigen Portion Humor auf. Man kann bei TANZ DER TEUFEL II ausgiebig lachen, aber nur allzu oft bleibt einem dieses Lachen im Hals stecken.

Damit meistert Raimi zwei Disziplinen, die im Film als die schwierigsten gelten. Sowohl das Publikum zum lachen zu bringen, als auch es zu erschrecken, bedarf einiges an Talent und ein genaues Timing. Beides Dinge, an denen es Raimi nicht mangelt.

Will man TANZ DER TEUFEL II einem Vorwurf machen, dann den, das er weniger eine Fortsetzung als vielmehr ein Remake ist. Natürlich wollte Raimi alte Clips benutzen, um die Vorgeschichte des Films zu erzählen. Und damit hätte es auch funktioniert, obwohl die Geschichte des Films dann auch nicht mehr als eine Variation des Vorgängers gewesen wäre. Der Moment für das Einsetzen der Fortsetzung wäre dann der Schluss des ersten Films gewesen, als sich das Böse im Wald auf Ash stürzt und ihn mit sich reißt.

Diese Szene gibt es auch in TANZ DER TEUFEL II, aber hier erlebt man zuvor noch die aktualisierte Vorgeschichte. Nun reisen nur noch Ash und seine Freundin Linda zu jener Hütte in den Bergen. Von den Freunden ist keine Rede mehr. Lindas Verwandlung und ihr Tod erinnern noch einmal an das Original bevor die eigentliche Handlung startet. Die Wiederholung und Veränderung der Vorgeschichte war es auch, die so manchen Zuschauer endgültig davon überzeugte, dass Ash ein Trottel ist, fährt er doch wieder zu jener Hütte, in der er vier seiner Freunde zerstückeln musste und unbeschreiblichem Grauen ausgesetzt war.

Die weitere Handlung des Films läuft mehr oder minder wie der Vorgänger ab. Weitere Protagonisten tauchen auf, man sieht auch den Professor, der das Tonband besprochen hat, endlich einmal und die erfolgreichsten Ideen des Originals werden noch einmal aufgenommen. Ebenso wie die Frau, die ein Opfer der sich ihr nähernden Äste wird, bleibt die Uhr stehen und Ash hat wieder einmal einen Spiegel vor sich, der mehr als nur sein Abbild zeigt.

Als störend erweist sich hier allenfalls, dass Bobbie Joe, die von dem Wald weggerissen wird, nicht noch einmal auftaucht. Ihr Ende kommt zu abrupt, so dass man die ganze Zeit erwartet, sie wenigstens als Dämon noch einmal zu sehen. Das verwehrt Raimi dem Zuschauer aber, weswegen sich der Verdacht aufdrängt, dass Bobbie Joes tragisches Ende sehr viel härter und für das Publikum sichtbar ausgefallen wäre, hätte Raimi damals schon gewusst, dass der Film ohnehin ein X-Rating bekommen würde.

Das Ende des Films bereitet die Bühne für ARMEE DER FINSTERNIS, für den Raimi damals schon ganz konkrete Vorstellungen hatte. Immerhin wollte er Ashs Abenteuer im 13. Jahrhundert schon zum Gegenstand des zweiten Teils machen, aber das recht bescheidene Budget machte diesem Vorhaben einen Strich durch die Rechnung. Das gewollt offene Ende zielte natürlich auf die Fortsetzung ab, auf die man aber noch mehr als sechs Jahre lang warten musste.

TANZ DER TEUFEL II ist der unterhaltsamste Film der Trilogie. Weder so brutal wie der erste, noch so verspielt wie der dritte ist er vielmehr eine Verquickung der besten Elemente beider Filme. Klar wäre es interessant gewesen, schon zu diesem Zeitpunkt der Trilogie ins Mittelalter zu kommen, um zu erfahren, wie es Ash auf seiner weiteren Reise in die Zukunft ergeht, aber mit dem fertigen Film kann man mehr als zufrieden sein.

Es ist ein Horrorfilm, der sich selbst nicht ganz ernst nimmt. Humor paart sich mit schaurigen Szenen und gut getricksten Effekten. Hinzu kommt der für Raimi typisch innovative Stil, der TANZ DER TEUFEL II weit aus dem Gros ähnlich gelagerter Filme hervorhebt und noch heute zu den schönsten seines Genres macht.

Armee der Finsternis

Originaltitel: Army of Darkness
USA 1993
Regie: Sam Raimi
Drehbuch: Sam Raimi, Ivan Raimi
Produzenten: Bruce Campbell, Robert Tapert
Musik: Danny Elfman (Titelthema), Joseph LoDuca
Kamera: Bill Pope
Schnitt: Bruce Campbell (als R.O.C. Sandstorm), Bob Murawski
Special Make-up Effects: Howard Berger, Robert Kurtzman, Greg Nicotero
Darsteller: Bruce Campbell (Ash), Embeth Davidtz (Sheila), Marcus Gilbert (Arthur), Ian Abercrombie (Joe), Richard Grove (Henry), Timothy Patrick Quill, Michael Earl Reid, Bridget Fonda (Linda), Patricia Tallman, Ted Raimi, Deke Anderson, Bruce Thomas, Josh Becker, Harley Cokliss, Ivan Raimi, Bernard Rose, Sam Raimi

Ash ist im 13. Jahrhundert gelandet, hatte bei seiner Ankunft aber wenig Glück. Da man ihn für einen der Männer von Henry, dem Roten, hält, nimmt man auch ihn gefangen. Zusammen mit dem gefangenen Henry und den anderen wird Ash in die Festung gebracht. Dort wirft man Ash in die Grube. Darin befindet sich ein Dämon, der alles Leben vernichtet. Und nun steht Ash auf seiner Speisekarte.

Hilfe bekommt er jedoch vom hiesigen Wahrsager, der in ihm den Prophezeiten sieht, der die Armee der Finsternis besiegen kann. Als der weise Mann Ash seine Kettensäge gibt, wendet sich das Blatt und dem Mann aus der Zukunft gelingt es, das Monster zu vernichten. Dass Ash nun richtig angepisst ist, zeigt er, Kettensäge und Schrotflinte schwingend, den Leuten, die seinen Tod sehen wollten, was Sache ist. Als erstes lässt er Henry und seine Männer frei, woraufhin er den Primitiven um sich herum klarmacht, dass sie sich nicht mit ihm anlegen sollten.

Ash, der nun als eine Art Held geehrt wird, möchte hauptsächlich wissen, wie er wieder in seine Zeit zurückkommen kann. Wenig später erklärt man ihm, dass er nur mit Hilfe des „Buchs der Toten" in seine Zeit zurückkehren kann. Ash hat eigentlich wenig Interesse daran, es zu suchen, aber nachdem er sich innerhalb der Festungsmauern mit einem weiteren Dämon herumschlagen musste, willigt er ein, das Buch zu holen, um so endlich nach Hause zu kommen.

Zuvor baut sich Ash noch eine künstliche Hand aus Eisen, da die Kettensäge auf Reisen doch recht unhandlich ist. Vor seinem Aufbruch verbringt er noch ein Schäferstündchen mit der schönen Sheila. Am nächsten Tag erklärt ihm der weise Mann, dass er eine Formel sprechen muss, wenn er das „Buch der Toten" an sich nimmt: „Klaatu Berata Nektu".

Die Suche führt ihn durch einen Wald, wo ihm das Böse auf den Fersen ist. Gerade noch rechtzeitig kann Ash in eine Windmühle fliehen, aber als er einen Spiegel zerbricht, steigen aus den einzelnen Stücken lauter kleine Ashs hervor, die ihr großes Ebenbild sofort angreifen. Dabei muss Ash ordentlich einstecken, bevor er die kleinen Plagegeister zerlegen kann. Daraufhin wächst Ash jedoch ein zweiter Kopf, aus dem ein zweiter Körper, sein böses Ebenbild, wird. Nachdem Ash sein Ebenbild mit der Flinte niedergestreckt hat, zerstückelt und begräbt er die Leiche.

Daraufhin macht er sich wieder auf die Suche nach dem „Buch der Toten". Das findet er auch auf einem Friedhof, aber dummerweise liegen drei Ausgaben vor ihm, von denen nur eine die echte sein kann. Nach mehreren Fehlversuchen entscheidet er sich für das echte Buch, aber nun sind ihm die Worte entfallen, die ihm der weise Mann genannt hat. Da er sich ihrer nicht mehr sicher ist, spricht er irgendetwas aus und macht sich mit dem Buch aus dem Staub. Da er die Worte nicht richtig aussprach, erhebt sich nun die Armee der Finsternis aus ihren Gräbern. Bei seiner Flucht mit dem Buch muss Ash sich einiger Skelette erwehren, aber es soll noch weitaus schlimmer kommen. Mit der Armee der Finsternis erwacht auch der böse Ash wieder, der zum Befehlshaber der Armee wird.

Ash kehrt derweil in die Festung zurück. Ihm ist nun alles egal; er möchte einfach nach Hause zurückgeschickt werden. Man hält sich auch an das Versprechen und bereitet alles für Ashs Heimkehr vor, selbst wenn dies das Ende alles Lebens bedeutet. Als jedoch Sheila von einem Dämon entführt wird, ändert Ash seine Meinung. Wenig später wird Sheila zur Braut des bösen Ash und verwandelt sich ebenfalls in eine Dämonin.

Als alle fliehen wollen, gelingt es Ash, die wenigen Männer, die noch hier sind, zu überzeugen, dass man kämpfen muss. Er entwickelt eine Strategie und schlägt vor, Henry, den Roten, in den Kampf miteinzubeziehen.

Während sich die Armee der Finsternis sammelt, bringt Ash seinen Leuten Nahkampf bei, lässt sein altes, mit ihm in die Vergangenheit gekommenes Auto umbauen, und baut mit Hilfe eines Chemiebuchs einige Bomben.

Nach kurzer Vorbereitungszeit steht die Armee der Finsternis vor den Toren der Festung. Der Kampf beginnt, wobei die Menschen mit ihren modernen Kampfmethoden große Erfolge erzielen. Trotzdem gelingt es den Untoten, die Festung zu stürmen und den

Kampf auf die Mauern und ins Innere zu verlagern. Mit dem Durchbruch in die Festung, begibt sich nun auch der böse Ash in den Kampf. Zuvor aber macht sich Ash daran, mit seinem alten Wagen ordentlich unter den Untoten aufzuräumen.

Als Ash jedoch Sheila sieht, verliert er die Konzentration und der Wagen wird zerstört. Daraufhin greift die dämonenhafte Sheila Ash an, aber er kann sie gerade noch mal so abwehren. Kurz darauf muss Ash jedoch erneut gegen sein böses Double antreten.

Trotz harten Kampfes gelingt es Ash natürlich, sein böses Ich zu besiegen und der Armee der Finsternis einen herben Schlag zu versetzen. In dem Moment kommt Henry, der Rote mit seinen Männern, wodurch die Armee der Finsternis endgültig geschlagen wird.

Die Welt ist gerettet. Selbst Sheila wird wieder völlig normal. Auch die Streitigkeiten zwischen Arthur und Henry werden nun beigelegt. Künftig wird man in Frieden miteinander leben.

Trotz allem, was sich Ash hier bietet – Ansehen, eine schöne Frau und Reichtümer –, will er doch wieder nach Hause. Der weise Mann gibt ihm einen Trank, von dem er pro Jahrhundert, das er schlafen will, einen Tropfen zu sich nehmen muss. Nachdem er sich von Sheila verabschiedet hat, lässt sich Ash in einer Höhle begraben. Dort nimmt er die Tropfen ein, wird aber abgelenkt und verzählt sich, so dass er anstelle der geplanten sechs tatsächlich sieben Tropfen zu sich nimmt.

Nachdem er erwacht und sich aus der Höhle befreit hat, findet er industrielle Produkte vor und freut sich, endlich wieder zu Hause zu sein. Tatsächlich findet er jedoch ein zerstörtes London vor, sieht den Big Ben verheert und erkennt, dass er ein Jahrhundert zulange geschlafen hat. Aus welchen Gründen auch immer – ob von Menschen oder Dämonen verursacht – diese Welt hat eine schreckliche Katastrophe hinter sich und ist nicht länger mit der vergleichbar, aus der Ash eigentlich stammt.

Die Idee für ARMEE DER FINSTERNIS gab es schon, als Raimi sich erste Gedanken zum zweiten Teil der TANZ DER TEUFEL-Trilogie machte. Aufgrund der hohen Kosten, die ein Film, wie er ihn sich vorstellte, jedoch bedeutet hätte, musste das Abenteuer im 13. Jahrhundert erst einmal nach hinten verschoben werden. Mit dem Ende von TANZ DER TEUFEL II stellte Raimi aber auf jeden Fall schon klar, dass bei einer weiteren Fortsetzung diese Ideen umgesetzt werden mussten.

Als Raimi gerade DARKMAN fertig gestellt hatte, war die Zeit für einen dritten TANZ DER TEUFEL reif. Dino DeLaurentiis, der noch immer die Rechte für eine Fortsetzung besaß, wandte sich an Raimi, um über diesen Film zu reden.

Der war durchaus interessiert, endlich sein altes Konzept wieder hervorzuholen und zu verwirklichen, weswegen er zusammen mit seinem Bruder Ivan begann, die nächsten acht Monate lang an dem Drehbuch zu tüfteln. Mit dem Erfolg von DARKMAN an der Hand war es nicht weiter schwierig, Universal als Finanzier zu bekommen, wobei die Firma auch den Verleih des Films übernahm, sich aber nicht in die Produktion selbst einmischte.

Die beiden Raimis arbeiteten verbissen daran, das Drehbuch so zu gestalten, dass man später nicht mehr zu größeren Änderungen gezwungen sein würde. Sie kamen mit einer Geschichte auf, die zwar eine Fortsetzung war, jedoch völlig für sich alleine bestehen konnte.

Zwar weiß man immer erst am Set, ob wirklich alles so funktioniert, wie man es sich gedacht hat, aber eine genau ausgelegte Geschichte als Grundlage ist für professionelles Arbeiten nie verkehrt. Dabei kamen die beiden Raimis mit derart vielen Ideen auf, die gar nicht alle in dem Drehbuch Platz finden konnten, weswegen sie einerseits die besten ihrer Ideen herauspicken, andererseits diese Ideen in einer linearen Geschichte verpacken mussten.

Wie schon bei TANZ DER TEUFEL II mischte sich Dino DeLaurentiis, von kleinen Ratschlägen abgesehen, auch bei ARMEE DER FINSTERNIS nicht in die Produktion ein. Mit dem fertigen Drehbuch konnte die Produktion beginnen. Universal war bereit, die ARMEE DER FINSTERNIS mit einem Budget von 12 Millionen Dollar auferstehen zu lassen, eine Summe, die angesichts dessen, was sich in der Geschichte abspielt, verhältnismäßig gering ausnimmt.

Für die im Film gezeigte Festung wollte man ursprünglich sogar eine echte Burg benutzen, die man in Spanien oder England gesucht hätte, aber die damit verbundenen Kosten hätten das niedrige Budget gesprengt, wobei hinzukommt, dass diese Burgen vielleicht nicht einmal den Anforderungen des Drehbuchs gerecht geworden wären. Stattdessen sah man sich nach passenden Drehorten in den USA um und beschloss, den Großteil der Burg später in der Nachproduktion herzustellen. Dachte man zuerst an die Gegenden im Bundesstaat Utah, entschied sich Raimi schließlich dazu, näher an Los Angeles zu arbeiten, da sich so die Kosten für weite Reisen einsparen ließen.

Diese Entscheidung erwies sich als die einzig wahre, was um so mehr galt, nachdem die Firma Introvision dafür verpflichtet wurde, für die Aufnahmen der Miniaturen, der Arbeit mit den kleinen Ashs, dem doppelten Ash und vielem mehr zu sorgen. Introvision ist eine Firma, die bereits seit 1980 existiert, und sich nicht nur als Lieferant von Special Effects, sondern auch als

Produktionsfirma mit entsprechendem Equipment versteht.

Da die Zusammenarbeit mit Introvision, die für ARMEE DER FINSTERNIS sehr wichtig wurden, durch räumliche Nähe leichter ablief, war die Entscheidung, um Los Angeles herum zu drehen, genau richtig.

Für den Bau der Skelettkrieger der Armee der Finsternis wurde KNB EFX verpflichtet. Robert Kurtzman, Greg Nicotero und Howard Berger hatten immerhin schon an TANZ DER TEUFEL II gearbeitet, auch wenn sie damals noch von Mark Shostrom angeheuert wworden waren und die eigene Firma KNB EFX noch nicht mehr als ein gemeinsamer Traum war. Kurtzman und Berger – Nicotero war bereits mit Wes Cravens DAS HAUS DER VERGESSENEN beschäftigt – bauten zehn verschiedene Skelette, die eine ganze Armee doubeln sollten.

Die drei Firmengründer ließen sich von der Grösse des Drehbuchs täuschen, was das Budget anging. Dachten sie erst, ARMEE DER FINSTERNIS würde mit sehr hohem Budget verwirklicht werden, zeigte sich schnell, dass Raimi trotz der relativ kleinen Summe, die ihm zur Produktion zur Verfügung stand, einen hoch ambitionierten Film abliefern wollte. Da KNB EFX nicht für alle Effekte aufkommen konnte, wurden auch noch die von Tony Gardner gegründeten Alterian Studios verpflichtet, die sich um das Make-up von Ash und Sheila kümmerten. Gardner und seine Leute waren zudem dafür verantwortlich, die Doubles, die für Bruce Campbell bei den Szenen einsprangen, wo gleich mehrere kleine Ashs zu sehen sind, richtig herzurichten.

Man verpflichtete von vornherein Doubles, die Campbell etwas ähnlich sahen und schmückte diese Ähnlichkeit mit entsprechenden Prothesen für die Kinn- und Wangenpartie noch aus.

Bei der Vorproduktion, für Raimi oftmals der unangenehmste Teil eines Films, musste der Regisseur zusammen mit seinen Kollegen entscheiden, mit Hilfe welcher Techniken man diese oder jene Szene im Film zustande bringen sollte. Derweil hatte man für die Dreharbeiten auch den richtigen Ort gefunden. In der Wüste von Acton, Kalifornien, nahe Palmdale, sollte der Großteil der anfallenden Szenen gedreht werden.

Für einige Szenen wie dem Kampf in der Grube, die Studiosets erforderten, wurden die Einrichtungen von Introvision benutzt, die bei der Arbeit mit Miniaturen – das nur nebenbei erwähnt – eine ungewöhnliche Herangehensweise hatten. Während man nach klassischer Tradition erst die Aufnahmen mit den Schauspielern macht und die Miniaturen bzw. Stop-Motion-Effekte damit abstimmt, beschritt Introvision den anderen Weg und fertigte erst die Aufnahmen mit Miniaturen und Effekten an, da der Schauspieler sich dann darunter etwas vorstellen und besser spielen kann.

Nachdem die Dreharbeiten im Sommer 1991 begonnen hatten, zog die Produktion in die Gegend um Palmdale, wo sowohl die Wüstenszenen als auch das Geschehen im Wald gedreht werden konnten.

Mit Beginn der Dreharbeiten gab Bruce Campbell auch seine Arbeit als Ko-Produzent auf, da beide Aufgaben zu arbeitsintensiv waren. Erst mit dem Ende der Dreharbeiten stand er in seiner Funktion als Ko-Produzent wieder zur Verfügung. Einst eines der Gründungsmitglieder von Renaissance Pictures, hatte er die Firma schon einige Zeit zuvor verlassen, um sich mehr auf die Schauspielerei zu konzentrieren, weswegen Raimi und Robert Tapert als einzige Partner zurückblieben. Nichtsdestotrotz übernahm Campbell bei Gelegenheit auch immer wieder mal die Pflichten eines Produzenten. Bei LUNATICS – DUELL DER

ALBTRÄUME beispielsweise waren Raimi und Tapert mit der Nachproduktion von DARKMAN beschäftigt, weswegen Campbell den Film des gemeinsamen Freundes Josh Becker produzierte.

Aufgrund seiner weitreichenden Pflichten für ARMEE DER FINSTERNIS sah man Campbell während der Zeit, die die Produktion des Films verschlang, auch weit seltener als Schauspieler, da ihm hier einfach nicht soviel Zeit blieb.

Die Dreharbeiten selbst dauerten etwas länger als erwartet. Da viele Nachtszenen zu drehen waren, machten die kurzen Sommernächte dem Ganzen einen Strich durch die Rechnung, weswegen man noch eine Woche extra anhängen musste, um die nachts spielenden Szenen unter Dach und Fach zu bekommen. Da diese zusätzliche Woche natürlich am Budget nagte, war Raimi gezwungen, bei anderen Szenen Zugeständnisse zu machen, so dass er die Zahl der Statisten, die bei der Schlacht um die Festung benutzt wurden, verringerte. Mit Hilfe ausgiebiger Nebelschwaden konnte man die kleine Zahl an Statisten und Puppen jedoch deutlich grösser erscheinen lassen, als sie eigentlich war.

Was die Skelettkrieger betraf, so schufen die Jungs von KNB verschiedene Versionen, deren Aussehen daran angelegt war, wo sie im Film auftauchen würden. Die Krieger, die man im Vordergrund sieht, mussten natürlich weit überzeugender gestaltet werden als die, die nur im Hintergrund agierten. Neben den Puppen wurden auch Anzüge gebaut, die ursprünglich von Stuntleuten getragen werden sollten, aber da die üblichen Stuntmen eine eher wuchtige Figur haben, hätten die Krieger gar nicht mehr wie Skelette gewirkt, weswegen man statt dessen auf Frauen zurückgriff, die auch Erfahrung in Tanz oder Pantomime hatten. Die Szenen mit den Puppen, den Skeletten und den Frauen in Anzügen wurden so gemischt, dass die verschiedenen Krieger aus der Armee der Finsternis in unterschiedlichen Blickwinkeln aufgenommen und dann miteinander kombiniert wurden, so dass die wenigen Puppen und Schauspieler tatsächlich wie eine Armee wirken konnten.

Auf eines musste Raimi jedoch verzichten: Skelettpferde. Für eine kleine Gruppe solcher denkwürdiger Tiere reichte das Budget schlicht und einfach nicht aus, weswegen sich Raimi auf echte Pferde verlegen musste und dabei feststellte, dass er die Arbeit mit Pferden alles andere als liebte. Die Tiere hatten die nette Angewohnheit, mehr als eine Aufnahme zu verderben, indem sie sich anders gebärdeten als erwartet. Die schlechte Erfahrung bei der Arbeit mit Pferden mag später auch dafür verantwortlich gewesen sein, dass Raimis Western SCHNELLER ALS DER TOD im Grossen und Ganzen auf die schönen Vierbeiner verzichtete.

Die Hauptdreharbeiten endeten im Juli 1991, woraufhin sich Raimi in das Introvision-Gebäude zurückzog und dort an dem Film weiterarbeitete. Hier fanden noch weitere Dreharbeiten statt, die im Inneren der Festung spielten. Dabei wurden dann die Live-Action-Aufnahmen mit den Miniaturen verbunden und zu einer Einheit zusammengefügt.

Der Vorteil bei der Arbeit mit Introvision und deren Technik der projizierten Hintergrundbilder, vor denen die Schauspieler agierten, war ganz klar, dass anders als etwa beim gebräuchlichen Blue Screen-Verfahren schon am nächsten Tag die Ergebnisse begutachtet werden konnten, so dass sich Änderungen noch leichter durchführen ließen.

Trotz des Kampfs des großen gegen die kleinen Ashs waren übergroße Props für den Film praktisch unnötig. Lediglich die Gabel, mit der Ash einen seiner kleinen Widersacher aufspießt, musste in Übergröße angefertigt werden. Die Szene selbst wurde rückwärts aufgenommen. So musste Campbell erst den toten, an die Wand gepinnten Ash spielen, dann dessen Sterben simulieren und schließlich quicklebendig sein, als die Gabel mit Hilfe einer mechanischen Vorrichtung zurückgerissen wurde.

Die Dreharbeiten mit dem großen und den kleinen Ashs waren äußerst schwierig und verlangten genaues Timing, da Campbell immer auf etwas reagieren musste, das ja eigentlich nicht da war. Darum behalf man sich neben den Markierungen am Boden, wo der Schauspieler als nächstes auftreten sollte, mit einer fortlaufenden Numerierung, die laut vorgetragen wurde und Campbell wissen ließ, was als nächstes kam.

Praktisch keinen Input bei ARMEE DER FINSTERNIS hatte diesmal Tom Sullivan, der bei TANZ DER TEUFEL noch alle Effekte alleine gestaltet hatte. Nach den Problemen, die sich zwischen Raimi und Sullivan bei TANZ DER TEUFEL II ergeben hatte, schien keiner wirklich daran interessiert gewesen zu sein, noch einmal miteinander zu arbeiten.

Robert Tapert engagierte Sullivan jedoch, um eine neue Fassung des „Buchs der Toten" herzustellen. Diese Ausgabe sollte grösser sein und etwas neuer aussehen, da das Buch immerhin noch sehr viel jünger war. Später entschied man sich jedoch, ein anderes Buch zu nehmen, da man Sullivans Ausgabe als zu klein erachtete. Wie wenig es Sullivan störte, dass es nicht benutzt wurde bzw. dass er nicht mehr zum Film beizutragen hatte, macht auch sein Kommentar deutlich, nachdem der Scheck gutgeschrieben wurde. Das sei schließlich alles, was zählt.

Nach dem Ende der Dreharbeiten, als schon mit dem Schnitt von ARMEE DER FINSTERNIS begonnen wurde, hoffte Raimi, im Januar 1992 noch einmal für zwei Wochen einige Szenen drehen zu können, die zwar im Drehbuch waren und dem Film eine noch stärkere innere Geschlossenheit gegeben hätten, aber nicht wirklich nötig waren, um die recht lineare Geschichte zu erzählen. Seine Hoffnungen auf weitere Dreharbeiten zerschlugen sich, so dass er den Film so schneiden ließ, das er nach wie vor eine logisch aufgebaute Geschichte erzählte, selbst wenn Szenen fehlen, die der Geschichte gut zu Gesicht gestanden hätten.

Anstelle weiterer Dreharbeiten schnitt Raimi im Januar den Film von der ursprünglich zwei Stunden langen Rohfassung auf 95 Minuten herunter. Später sollten noch einmal einige Minuten der Schere zum Opfer fallen, da Raimi der Meinung ist, Filme sollten nicht allzu lang sein. Er behauptete gar einmal, seine Filme würden sich innerhalb von 60 Minuten am besten ansehen lassen, da man dann weniger auf die Geschichte, sondern vielmehr auf deren Darreichung achten müsste.

Der Kinostart war für den Sommer 1992 vorgesehen, aber Probleme zwischen Universal und Dino DeLaurentiis verhinderten dies. In den Streitigkeiten ging es um die Rechte zu einer Fortsetzung des sensationell erfolgreichen Films DAS SCHWEIGEN DER LÄMMER. Darin nutzten beide Seiten ARMEE DER FINSTERNIS als Faustpfand, weswegen sich die Premiere des Films immer weiter hinauszog.

Raimi nutzte die Zeit, um weiter an seinem Film zu arbeiten und ihn auf 90 Minuten zu trimmen. An den Kinokassen erwies sich ARMEE DER FINSTERNIS als wenig erfolgreich. Für die Fans der ersten beiden Teile wurde nur noch wenig geboten und alle anderen hatten vielleicht den Eindruck, doch einen echten Horrorfilm anstelle eines phantastischen Abenteuers präsentiert zu bekommen.

Einige Jahre nach der Aufführung des Films kam ein Director's Cut auf den Markt, der mit etwa acht zusätzlichen Minuten aufwartete. Diese Fassung, die zuerst nur im asiatischen Raum erhältlich war, dann jedoch auch in Europa und den USA auf den Markt gebracht wurde, erhält zusätzliche Szenen des Kampfs Ash gegen seine kleinen Ebenbilder und der Schlacht am Ende. Am interessantesten ist jedoch das ursprüngliche Ende, das von seiner Wirkung dem von TANZ DER TEUFEL II gleichkommt.

Während das Ende der Kinofassung nur noch einmal hübsche Dämonen-Action im Supermarkt bot, wartet das echte Ende mit einer Szene auf, die ein wenig an PLANET DER AFFEN erinnert, als Charlton Hestons Figur die Überreste der Freiheitsstatue findet und erkennt, dass er die ganze Zeit über zu Hause gewesen ist. Ähnlich verhält es sich hier, wo Ash in der Zukunft aufwacht, die einer verheerenden Katastrophe zum Opfer gefallen ist. Damit ist dieses Ende sehr viel aufregender, wenngleich es Appetit auf eine Fortsetzung macht, die man wohl nicht mehr zu sehen bekommen wird.

ARMEE DER FINSTERNIS ist ein Film, der völlig anders ist als seine beiden Vorgänger. Zwar kann man eine stufenweise Entwicklung vom ersten zum dritten Teil erkennen, aber diese Veränderungen sind doch recht drastisch. Nachdem das Original beinharten Horror bot, wartete die Fortsetzung schon mit einer gehörigen Portion Humor auf, dem der dritte Teil vollständig frönt.

Dabei gibt sich ARMEE DER FINSTERNIS eher wie eine klassische Fantasy-Geschichte, bei der der Held einer Quest nachgeht. Hier ist es Ash, der einerseits danach trachtet, nach Hause zu kommen, andererseits nach dem „Buch der Toten" suchen muss, um dieses Ziel zu erreichen. Auf brutale Szenen verzichtet Raimi diesmal völlig. Von den einstigen Gewaltorgien ist nur noch eine Blutfontäne geblieben, die aus der Grube emporsteigt. Auch seine schwindelerregenden Kamerafahrten durch die Wälder sind diesmal auf ein Minimum beschränkt. Gerade einmal bekommt man das Markenzeichen von TANZ DER TEUFEL hier geboten.

Anderes ist dafür gleichgeblieben und deutet an, dass dies eine echte Fortsetzung ist. Anstelle der Uhr, die plötzlich stehenbleibt, ist es diesmal eine Windmühle, deren Flügel sich auf einmal nicht mehr bewegen. Außerdem zeigt sich, dass Ash mit Spiegeln kein Glück hat. Nachdem sich darin schon in den ersten beiden Teilen nichts Gutes abgebildet hat, geht es hier weiter, indem viele kleine Ashs auftauchen, um ihr großes Ebenbild zu quälen.

Schon Tradition bei der Trilogie ist, dass das Ende jedes vorherigen Films umgeschrieben wird. Warum hätte man bei ARMEE DER FINSTERNIS also anders verfahren sollen? Während Ash am Ende des zweiten Teils einen Dämon erlegt und von den Rittern sofort als ihr Erlöser gefeiert wird, hält man ihn hier für einen Vasallen des Feindes und nimmt ihn erst einmal gefangen. Hinzu kommt, dass im Rückblick eine weitere Linda – nunmehr die dritte – zum Zug kommt.

Raimi hätte hier zwar die Szenen aus dem zweiten Teil verwenden können, aber da sich die Schauspielerin Bridget Fonda an ihn wandte und um die Möglichkeit eines Cameo-Auftrittes bat, einfach weil sie ein Fan der Filme ist, konnte Raimi natürlich nicht ablehnen und machte sie zu Ashs dritter und bester Linda.

In ARMEE DER FINSTERNIS ist Ashs Verwandlung zum absoluten Cartoon-Charakter abgeschlossen. Besonders deutlich wird dies in der Szene, in der er im Kampf mit den kleinen Ashs mit dem Gesicht auf eine heiße Herdplatte fällt und daran kleben bleibt. Nachdem er sich davon befreit hat, findet sich jedoch nicht die geringste Verletzung im Gesicht. Ohnehin ist Ash nunmehr eine Figur, die alles ertragen, alles aushalten, und dann doch wieder wie zuvor sein kann. Angesichts dessen, was Raimi seinem Helden zumutet, hätte man Campbells Gesicht gegen Ende vor lauter Dreck eigentlich gar nicht mehr erkennen können, wenn man bedenkt, was im Verlauf des Films alles auf ihn geworfen wird.

Man entschied sich jedoch, ihn tatsächlich wie eine Cartoon-Figur behandeln, bei denen auch alles abprallt. Klar wird er schmutzig, klar verletzt er sich, aber bei seiner weiteren Reise ist wieder alles so, wie es immer war. Damit begibt sich der Film – wie auch schon seine Vorgänger – in eine merkwürdige Realität, die besonders in diesem Fall tatsächlich mehr mit der Welt der Zeichentrickfilme als der des Horrorfilms gemein hat.

Raimi und Campbell dürfen in ARMEE DER FINSTERNIS auch ausgiebig dem Slapstick frönen. Besonders, wenn Ash seinen bösen Zwilling noch an der Schulter hängen hat, oder von den Skelettarmen traktiert wird, nachdem er das „Buch der Toten" an sich gebracht hat, wird den Three Stooges die Reverenz der Macher erwiesen. Das mit Zeige- und Mittelfinger durchgeführte Stechen in die Augen und die mit einer Ohrfeige durchgeführte Revanche sind Attacken, die sich die Three Stooges, genauer Moe und Curly, immer wieder gegenseitig geliefert haben.

Die Kämpfe mit den Skeletten, z.T. mit Stop-Motion geschaffen, sind natürlich eine Hommage an Ray Harryhausen, der Sindbad in SINDBADS SIEBENTE REISE gegen ein Skelett und Jason in JASON UND DIE ARGONAUTEN sogar gegen sieben Skelette kämpfen liess.

ARMEE DER FINSTERNIS ist High Adventure, ein Abenteuer, das einfach Spaß machen soll und das auch tut. Die Actionstücke sind virtuos inszeniert, vor allem natürlich die Schlacht am Ende, bei der Skelette in die Luft gesprengt und Faustkämpfe abgeliefert werden. Dazu wartet der Film mit sehr viel Humor auf, sowohl für den Normalzuschauer als auch für den Filmfan, der sich über die Beschwörungsformel „Klaatu Berata Nektu" freuen darf, weil er ihren Ursprung aus DER TAG, AN DEM DIE ERDE STILLSTAND kennt. Das Publikum kann sich an dem Idioten Ash erfreuen, der so weltmännisch modern von sich glaubt, schlauer als die Primitiven um ihn herum zu sein, aber eigentlich noch dümmer ist.

ARMEE DER FINSTERNIS ist im Vergleich zu ihren Vorgängern natürlich gemäßigte Horror-Kost, aber nichtsdestotrotz sehr gute Unterhaltung. Wer es nicht nötig hat, die Monster in alle Einzelteile zerlegt zu sehen bzw. auf das Gefühl der Angst beim Sehen eines Films dieser Reihe verzichten kann, der wird mit dem Abschluss der Trilogie bestens bedient.

Dies ist ein Fantasy-Abenteuer, wie man es sich eigentlich nur wünschen kann: rasant, actionreich und witzig. Sicherlich kein Horrorfilm mehr, aber dafür ein Spaß (fast) für die ganze Familie.

Weitere Szenen

ARMEE DER FINSTERNIS ist einer jener Filme, von denen es erstaunlich viele Fassungen gibt. Neben der Kinofassung und dem Director's Cut existieren jedoch noch weitere Szenen, die in keiner Fassung Einzug gehalten haben und den Fans erstmals Ende 1999 mit der „Army of Darkness Limited Edition"-DVD von Anchor Bay zugänglich gemacht wurden.

01. Original Opening

Der Film beginnt beinahe wie bekannt, aber man sieht Ash – oder besser: seine beleuchtete Augenpartie –, der davon berichtet, wie sich sein Leben entwickelt hat. Er erzählt von dem Bösen, das ihn und Linda, die nur ein nettes Wochenende miteinander verbringen wollten, heimgesucht hat und wie es ihn durch den Wirbel in Raum und Zeit in die Vergangenheit geschleudert hat. (2 Minuten, 50 Sekunden)

Dieser Anfang geht mit dem wiederhergestellten Ende einher, da Ash diese Zusammenfassung der Geschichte und die nachfolgende Geschichte von ARMEE DER FINSTERNIS in der Zukunft erzählt. Die Beleuchtung der Augen fand auch deswegen statt, da Campbell hier tatsächlich noch im Make-up mit den langen Harren und dem Bart war, den man auch noch ganz leicht wahrnehmen kann. Was die Rückblicke auf den zweiten Teil betrifft, so sind sie hier etwas länger, aber Raimi nahm Teile davon heraus, da er das Publikum nicht mit einer allzu langen Wiederholung langweilen wollte.

02. Ash confronts Arthur

Als Arthur Ash festnehmen lassen will, weil er ihn für einen von Henrys Männern hält, ist dieser natürlich alles andere als davon angetan. Er schlägt erst einen von Arthurs Männern nieder und dann Arthur selbst. Mit seinem eigenen Schwert könnte er Arthurs Leben nehmen, aber er schont ihn und möchte einfach unbehelligt weiterziehen. Das lässt Arthur, in seinem Stolz verletzt, jedoch nicht zu, weswegen sich seine Männer auf Ash stürzen (1 Minute, 55 Sekunden).

Diese Szene wurde hauptsächlich geschnitten, weil Raimi seinen Film kürzer machen wollte. Damit fehlt, warum sich Ash und Arthur nicht ganz grün sind. Ash, weil er Arthurs Leben schont und dann trotzdem von diesem reingelegt wird, Arthur, weil ihn Ash wie einen Idioten aussehen lässt.

03. Original Windmill Scene

Ash flieht in die Windmühle. Dort vernimmt er von überall her merkwürdige Geräusche, die ihn beunruhigen. Nachdem er sich in der Windmühle umgesehen hat, fasst er sich ein Herz und geht nach draußen. Dort findet er jedoch auch nichts Ungewöhnliches, sondern trifft nur auf sein zu ihm zurückkehrendes Pferd. Als er sich umdreht und zur Windmühle blickt, sieht er sich selbst durch die offene Tür. Er läuft dorthin und direkt in einen mannshohen Spiegel hinein (6 Minuten, 5 Sekunden).

Dass diese praktisch ohne Dialog auskommende, sehr lange Szene der Schere zum Opfer fiel, ist nicht weiter verwunderlich, da sie mitten im Film das Tempo des ganzen Streifens verlangsamt hätte. Gleichzeitig ist dies aber auch eine der schönsten Szenen des ganzen

Films. Zudem erklärt sie, was Ash in dem Spiegel sieht. In den anderen Fassungen des Films ist eigentlich nicht klar, dass er nur seine Spiegelung sieht, da die Perspektive und Größenverhältnisse nicht stimmen. Damit gelingt es dieser längeren Szene, der Logik des Films dienlich zu sein.

Obwohl diese Szene ihrer relativen Langsamkeit wegen geschnitten wurde, muss man doch sagen, dass sie sehr atmosphärisch gestaltet ist. Zu bedenken gilt weiterhin, dass neben den knarrenden Geräuschen bei der Nachproduktion auch noch dämonisches Gelächter und Musik miteingebracht worden wären, was der unheimlichen Stimmung der Szene zugute gekommen wäre.

Auch formal überzeugt diese Szene, da Raimi hier einige seiner schönsten Aufnahmen abliefert. Der Schnitt ist ebenso gut gemacht wie die durchgehende Aufnahme, in der sich sowohl Ash wie auch die Kamera bewegen und dabei das Set in einem 360-Grad-Radius zeigen. Es ist verständlich, dass diese überlange Szene entfernt wurde, aber ohne Frage ist sie für den Film sehr wichtig.

04. Ash recruits Henry the Red

Nachdem Ash verkündet hat, dass man Henry in den Kampf gegen die Armee der Finsternis einbeziehen soll, reitet er los, um Henry aufzusuchen. Dabei wird er von dessen Männern gefangen genommen, aber Henry befreit ihn sogleich. Dann bittet Ash Henry um seine Hilfe, die auch Selbsthilfe wäre, da die Armee der Finsternis sicherlich bald gegen ihn vorgehen wird. Hinzu kommt natürlich, dass er Ash sein Leben schuldet (2 Minuten, 20 Sekunden).

Diese Szene wurde aus Zeitgründen geschnitten, obwohl sie natürlich wichtig gewesen wäre, da damit das

Auftauchen von Henry und seinen Männern weniger eine Überraschung aus dem Nichts gewesen wäre, sondern das Publikum zu der Erkenntnis gekommen wäre, dass Henry endlich entschieden hat, seinen Feinden zu helfen. Nebenbei bemerkt, hat Robert Tapert, der selbst rothaarig ist und darum ideal zu Henry, dem Roten passt, hier einen Cameo-Auftritt.

Teufelstanz der Zensur

Zensur findet in Deutschland nicht statt! Das ist so auch ganz richtig. Niemand ist gezwungen, seine Produkte – seien es nun Filme, Bücher oder auch Comics – irgendwelchen Behörden vorzulegen, aber im Nachhinein ist es durchaus möglich, dass man mit den angebotenen Produkten gegen Gesetze und Vorschriften verstösst. So steht es Filmverleihern frei, ihre Filme ohne freiwillige Prüfung durch die FSK zu vertreiben, aber dann haben diese Filme eben von vornherein den Vermerk „Kein Verkauf oder Verleih an Jugendliche unter 18 Jahren". Sollte sich nach dem Vertrieb des Films jemand durch vermeintliche Obszönitäten oder dergleichen auf den Schlips getreten fühlen, ist es durchaus möglich, zu handeln, um das entsprechende Produkt aus dem Umlauf zu nehmen.

Das können nun Jugendschutzgründe oder Verstöße gegen gängige Gesetze sein. In vielen Fällen, wie bei TANZ DERTEUFEL, wird schließlich der § 131 des Strafgesetzbuches bemüht. Nach diesem Paragraphen ist die Darstellung all dessen verboten, was Gewalt verherrlicht und die Menschenwürde verletzt. Ein solcher Fall lag nach Ansicht der Behörden bei TANZ DER TEUFEL vor, so dass der Film beschlagnahmt wurde. Im Gegensatz etwa zur Indizierung, die zwar den Verkauf und Verleih behindert, indem nun nicht mehr für das Produkt geworben werden darf und man entsprechende Filme in Videotheken beispielsweise nur in extra angebrachten 18er-Räumen ausstellen darf, die aber grundsätzlich nichts an der Verfügbarkeit des Titels ändert, ist mit der Beschlagnahme der Vertrieb des Titels vollkommen gestoppt.

TANZ DER TEUFEL ist ein Paradebeispiel, wie jahrelange Streitereien vor Gericht wegen ach so brutaler Filme geführt werden. Mittlerweile ist der Film wieder auf Video erhältlich, aber der Weg bis zu diesem Ziel war weit und steinig. Nachfolgend nun die traurige Geschichte dieses Falls, wie sie das Presseheft anlässlich der Wiederveröffentlichung des Titels wiedergab.

23.11.1983

TANZ DER TEUFEL ist der Freiwilligen Selbstkontrolle (FSK) zur Prüfung vorgelegt worden. Das Ergebnis der Prüfung ist negativ, ohne vier Schnitte wird der Film nicht „ab 18 Jahre" freigegeben werden. Prokino weigert sich, den Film zu schneiden.

25.11.1983

Die Juristenkommission der SPIO (die Filme nicht im Sinn des Jugendschutzes, sondern auf Unbedenklichkeit im Sinne des Strafgesetzes prüft) bestätigt in einem Gutachten, dass gegen eine öffentliche Vorführung des Films in strafrechtlicher Hinsicht keine Bedenken bestünden. Die Begründung bezieht sich im Wesentlichen darauf, dass von Dämonen übernommene Menschen keine Menschen mehr sind.

10.02.1984

TANZ DER TEUFEL hat seinen Bundesstart in den Kinos.

06.07.1984

Die Staatsanwaltschaft lässt die Geschäftsräume von Prokino nach Unterlagen über die Herstellung und Verbreitung des Films durchsuchen. Die Aktion ist Teil einer bundesweiten Beschlagnahmung aller Kopien, ausgelöst durch eine Initiative des Jugendamtes Frankfurt. Auch die Kinos werden diesbezüglich belangt, in der Folge jedoch freigesprochen.

12.07.1984

Der Beschluss des Amtsgerichts München liegt vor. In ihm ordnet Richter Straßmeier die allgemeine Beschlagnahme des Films wegen Verstoß gegen Paragraph 131 Abs. 1 StGB an.

13.07.1984

Unter Verweis auf das Gutachten der Juristenkommission, die formalen Kunstgriffe des Regisseurs, die zahlreichen Auszeichnungen auf den diversen Festivals sowie die größtenteils positive Resonanz des Films bei der bundesdeutschen Kritik legen die Rechtsanwälte der Betroffenen gegen den Beschluss des Amtsgerichts München Widerspruch ein.

02.08.1984

Der bayrische Justizminister August R. Lang heizt die seit einiger Zeit geführte Diskussion über Horrorvideos aufs Neue an und lässt einigen Journalisten Ausschnitte aus gängigen Filmen vorführen. Ziel dieser Demonstration ist eine schärfere Fassung des Paragraphen 131 StGB.

27.02.1985

Im Fall TANZ DER TEUFEL kommt es zur
Hauptverhandlung. Die Einziehung des Films wird
bestätigt.

16.03.1985

Rechtsanwalt Sieghart Ott legt eine 22-seitige
Begründung der Berufung vor.

06.07.1985

Dr. Fritz Göttler, der stellvertretende Leiter des
Münchener Filmmuseums, legt sein Gutachten vor:
„Durch seine lockere Struktur ermöglicht der Horrorfilm
dem Zuschauer eine gewisse Distanzierung zum
Geschehen und bewirkt damit einen Verfremdungseffekt.
In dem Film ist die Verfremdung bis zur Parodie
getrieben. Bei aller Abwandlung der Genremotive und –
szenen weist der Film dadurch eine erhebliche
Unbekümmertheit und Frische auf."

07.10.1985

Die 12. Strafkammer des Landgerichts München I
bestätigt das Urteil des Amtsgerichts.

27.11.1985

Rechtsanwalt Sieghart Ott würdigt die widersprüchliche
Argumentation mit einer Verfassungsbeschwerde beim
zuständigen 1. Senat des Bundesverfassungsgerichts.

21.06.1987

Da sich die Entscheidung des Verfassungsgerichts immer weiter hinauszögert, entschließt sich Prokino, TANZ DER TEUFEL in einer geschnittenen Version der FSK vorzulegen. Diese Fassung ist um 12 Sekunden geschnitten.

08.09.1987

Die FSK lehnt die geschnittene Fassung zur Freigabe „ab 18 Jahre" ab.

18.09.1987

Prokino legt eine weitergehende Schnittfassung der FSK vor. Diese Fassung wird von der FSK zur Erteilung eines Kennzeichnes „nicht freigegeben unter 18 Jahren" vorgeschlagen. Bei dieser neuerlichen Schnittfassung fehlen nunmehr 23,5 Sekunden.

09.10.1987

Der Vertreter der obersten Landesjugendbehörde bei der FSK will den Film nur unter der Voraussetzung freigeben, dass die zuständige Staatsanwaltschaft in München mit diesem Verfahren einverstanden ist und gegen die geschnittene Fassung des Films keine strafrechtlichen Bedenken hat.

20.10.1987

Nahezu 23 Monate nach ihrer Einreichung erklärt die 2. Kammer des Bundesverfassungsgerichts die

Verfassungsbeschwerde einstimmig aus formaljuristischen Gründen für unzulässig.

28.03.1988

OstA Jovanic teilt mit, dass auch die dritte Schnittfassung, bei der nunmehr 44 Sekunden fehlen, den Tatbestand des Paragraphen 131 StGB erfülle, und gibt die Angelegenheit weiter.

14.04.1988

Das Amtsgericht München ordnet die Beschlagnahme der dritten Schnittfassung an.

04.05.1988

Es kommt zu einer neuerlichen Durchsuchung der Geschäftsräume von Prokino.

09.06.1989

Die Rechtsanwälte Ott und Fraulob legen Verfassungsbeschwerde beim Bundesverfassungsgericht gegen den Beschluss des Amtsgerichts München II ein.

20.10.1992

Das Bundesverfassungsgericht hebt die Urteile auf und verweist die Sache zurück ans Amtsgericht München. In der Begründung wird darauf hingewiesen, dass der Paragraph 131 (1) StGB unzulässig weit ausgelegt wurde: „Nach den von Ihnen aufgeführten Gründen ließe sich auch jeder Abenteuer- oder Kriminalfilm wegen seiner Gewaltdarstellung einziehen."

1993

Prokino startet den Film in seiner neuen Fassung bundesweit in den Kinos. Diese Version entspricht der ursprünglichen dritten Schnittfassung mit knapp 44 fehlenden Sekunden.

April 1993

Videostart der neuen Fassung bei VCL-Video.

Damit zog sich ein Streit wegen lächerlicher 44 Sekunden über beinahe zehn Jahre hin. Die Schnitte selbst fallen in der nunmehrigen Videofassung kaum auf, da sich diese 44 Sekunden über 12 Schnitte verteilen. Noch immer ist TANZ DER TEUFEL ein verhältnismäßig harter Film, aber noch immer ist er ein Film, der über bloßen Gore hinausgeht und vor allem formal unterhält.

Die einzelnen Schnitte stellen sich wie folgt dar:

01. Ein spitzer Bleistift wird in einen Fuß gerammt und herumgedreht. Ca. 6 Sekunden
02. Ein Dämon reißt mit seinen klauenartigen Händen tiefe Fleischwunden in einen Kopf. Ca. 4 Sekunden
03. Eine Hand wird mit einem Messer abgetrennt. Ca. 1 Sekunde
04. Ein Dämon beißt eine Hand ab. Ca. 1,5 Sekunden
05. Ein Beil wird auf ein Handgelenk gedrückt. Es fließt Blut. Ca. 1 Sekunde
06. Ein Dämon wird mit einer Axt zerstückelt, wobei sich die Teile weiterhin bewegen. Ca. 6 Sekunden
07. Ein Dämon bohrt seine Hand in eine Wade. Ca. 6 Sekunden

08. Großaufnahme eines blutigen Halses. Ca. 0,5 Sekunden

09. Aus einem Halsstumpf tropft Blut. Ca. 0,5 Sekunden

10. Ein Dämon liegt mit abgetrenntem Kopf auf Ash. Ca. 11 Sekunden

11. Einem Dämon werden Schläge mit einem Gewehrkolben verpasst. Ca. 2 Sekunden

12. Ash drückt einem Dämon die Augen aus. Ca. 4 Sekunden

TANZ DER TEUFEL 2 kam bei seiner deutschen Uraufführung besser weg. Da extrem harte Szenen wie im Erstling auch schon im Original fehlten, drohte die Gefahr einer Beschlagnahme nicht wirklich, obwohl natürlich wieder einmal mit einigen Schnitten zu rechnen war.

01. Ash rammt Lindas Kopf gegen das Fenster bis er praktisch abknickt. Ca. 4 Sekunden

02. Es fehlt, wie Ash die Tür des Werkzeugschuppens öffnet. Ein wahrlich wichtiger Schnitt! Ca. 9 Sekunden

03. Als Lindas Körper sich selbst mit der Kettensäge zerlegt, fehlt einiges vom dem
herumspritzendem Blut. Ca. 6. Sekunden

04. Ash zersägt Lindas Kopf (das wird auch im Original nicht gezeigt), wobei Blut spritzt und man den Schatten der Szene nicht sehen kann. Ca. 21 Sekunden.

05. Als Ash sich die Hand abschneidet (ist auch im Original nicht zu sehen), ist mehr von
seinem Gesicht zu sehen. Er schreit während ihm das Blut ins Gesicht spritzt. Ca. 10 Sekunden

06. Ash zerlegt einen Dämon mit dem Beil. Dabei sieht man weniger des grünen Schleims, der durch die Gegend spritzt. Ca. 13 Sekunden

07. Als Jake von Henrietta in den Keller gezerrt wird, fehlt in der deutschen Fassung die Blutfontäne, die aus dem Keller spritzt. Ca. 22 Sekunden

08. Ash zerlegt Henrietta. Dabei sieht man auch nicht mehr ihren abgehackten Kopf, der Ash damit aufzieht, seine Seele zu verschlingen, woraufhin er ihn mit seiner Flinte in alle Einzelteile zerlegt. Ca. 41 Sekunden

Evil Dead

Originaltitel: Evil Dead
USA 2013
Regie: Fede Alvarez
Drehbuch: Fede Alvarez, Rodo Sayagues
Produzenten: Bruce Campbell, Robert Tapert, Sam Raimi
Musik: Roque Banos
Kamera: Aaron Morton
Schnitt: Bryan Shaw
Special Effects: Jason Durey, George Ritchie, Roger Murray
Darsteller: Jane Levy (Mia), Shiloh Fernandez (David), Lou Taylor Pucci (Eric), Jessica Lucasa (Olivia), Elizabeth Blackmore (Natalie), Jim McLarty (Harold)

Remakes haben es in sich. Oftmals sind sie nur weichgespülte Versionen wirklich guter Filme. Es ist aber auch nur selten der Regisseur des Originals beteiligt. Bei EVIL DEAD produziert Sam Raimi mit seiner Firma Ghost House Pictures selbst. Ihm lag natürlich daran, einen Film zu präsentieren, der sein eigenes Werk für das neue Jahrtausend flott macht und nicht minder furchteinflößend ist. Zu erheblichen Änderungen war er bereit: Im neuen Film gibt es keinen Ash, zumindest nicht vor dem Abspann. Dessen Darsteller Bruce Campbell ist aber hinter den Kulissen aktiv. Er hat mitproduziert.

Schon seit Jahren gab es Bestrebungen, ein Remake des Films zu produzieren, zahlreiche Regisseure wie Independent-Filmer Dante Tomaselli waren im Gespräch, aber es ging nicht voran. 2009 erklärte Campbell dann, dass das Projekt auf Eis liege, auch wegen der extrem negativen Fan-Resonanz. Zwei Jahre später hatte sich das geändert. In einem Q&A erklärte Campbell, der Film sei wieder auf „Go", es gäbe ein Skript und dieses wäre grandios. Campbell gab sein Wort, dass der Film rocken würde.

Für Raimi stand schon lange fest, dass es ein Remake geben sollte. Er sah das Original wie eine klassische Geistergeschichte, die weitererzählt wird. Eben diese Geschichte sollte aber mal mit modernster Technik umgesetzt werden, da Raimi diese Möglichkeit in den frühen 80er Jahren verwehrt war. Damals musste auf 16mm und nur mit Monoton gedreht werden.

Ein Regisseur war auch gefunden worden: Debütant Fede Alvarez, der mit dem Kurzfilm ATAQUE DE PANICO auf sich aufmerksam gemacht hatte. Eigentlich wollte Raimi mit seiner Firma Ghost House Pictures einen Langfilm aus dem Kurzfilm machen, aber das Projekt kam nicht vom Fleck. Stattdessen glaubte Raimi, dass Alvarez der richtige Mann für EVIL DEAD sein könnte. Der junge Regisseur kam auch mit der Idee auf, ganz und gar auf Ash zu verzichten – etwas, das es Campbell wiederum leichter machte, sich für das Projekt zu begeistern.

Dabei war es Alvarez und seinem Ko-Autor Rodo Sagayues wichtig, die Elemente zu bewahren, die den Originalfilm so großartig gemacht hatten. Für Alvarez musste sein Film praktisch das werden, was das Original für ihn war, als er ihn im Alter von zwölf Jahren gesehen hatte. Um die Kids zu der Hütte zu bringen, kamen die beiden Autoren auf die Idee, dass die Hauptfigur auf Entzug gehen sollte. Das ist ein starker Kontrast zum Original, wo die Freunde die Hütte aufsuchen, um dort Spaß zu haben, bei dem Drogen nicht ausgeschlossen sind.

Mia soll endlich von den Drogen wegkommen. Fernab der Zivilisation, in einer entlegenen Waldhütte, wollen ihr Bruder David und die gemeinsamen Freunde Olivia, Eric und Natalie Mia dabei helfen. Doch was dann geschieht, hat mit kaltem Entzug nichts mehr zu tun. Entsetzlicher Gestank lockt die Fünf in den Keller der Hütte, wo sie auf „Das Buch des Todes" stoßen - und damit nichtsahnend düstere Dämonen wecken. Nur einer von ihnen bleibt von den Untoten verschont und muss fortan einen erbitterten Kampf um sein Seelenheil führen.

Alvarez genoss alle Freiheiten, die man sich als Regisseur nur wünschen kann, konnte jedoch auch immer auf den Rat von Raimi, Tapert und Campbell vertrauen. Die drei wussten, dass sie zurücktreten mussten, um Alvarez nicht einzuengen, denn nun war er es, der EVIL DEAD neu erfinden musste. Der Staffelstab war übergeben.

Raimi und Co. gaben Ratschläge, was ihrer Meinung nach anders gemacht werden sollte, aber Alvarez stand es frei, diese zu übernehmen. Bei manchen tat er es, bei anderen nicht, mit jeder neuen Version des Drehbuchs wurde es jedoch besser. Beim Schnitt verhielt es sich dann ähnlich, bis am Ende der Film herauskam, der dann in den Kinos zu sehen war.

Die Suche nach einem geeigneten Ensemble für den Film nahm Zeit in Anspruch. Bruce Campbell meinte: „Diesmal brauchen wir bessere Schauspieler." Mit seiner eigenen Leistung vor mehr als 30 Jahren ist er heute nicht mehr zufrieden.

Die Hauptrolle ging an Jane Levy, die durch die Serie SUBURGATORY bekannt geworden ist. Sie war optisch nicht das, was sich die Macher eigentlich vorgestellt hatten, aber beim Vorsprechen überzeugte sie alle. Sie genoss es auch, ein Monster zu spielen. „Das ist hilfreich", so Alvarez, „wenn man in einem Horrorfilm wie diesem mitwirkt."

Levy schätzte die Gelegenheit, etwas ganz anderes als in ihrer Sitcom zu spielen, die Arbeit war aber physisch herausfordernd – schon allein wegen der langen Stunden vor und nach dem Dreh im Make-up-Stuhl. Meist, so erklärte Levy, fiel sie abends schon um 20.30 Uhr ins Bett und schlief sofort ein.

Weiterhin ist der Film mit Shiloh Fernandez (JERICHO – DER ANSCHLAG), Lou Taylor Pucci (CARRIERS), Jessica Lucas (DRAG ME TO HELL) und Elizabeth Blackmore (LEGEND OF THE SEEKER) besetzt. Letztere hat für ihren Part als erste Bewerberin vorgesprochen. Die Filmemacher sahen sich auch noch viele andere junge Frauen an, aber hatten stets Blackmore vor Augen, weil sie beim Vorsprechen so gut gewesen ist.

Gedreht wurde in Auckland in Neuseeland, wo die filmische Infrastruktur exzellent ist und Raimi und Co. können dank der vielen dort gedrehten Serien (HERCULES, XENA, LEGEND OF THE SEEKER) auf eine gut eingespielte Crew zurückgreifen konnten. Viele von jenen, die über die Jahre an Raimi-Produktionen mitgearbeitet haben, waren auch Feuer und Flamme für den neuen EVIL DEAD.

Rob Gillies wurde der Produktionsdesigner des Films, der sicherstellen musste, dass Alvarez hatte, was er brauchte. Der Regisseur wollte so wenig wie möglich auf einer Soundstage arbeiten, sondern wirklich eine Hütte im Wald nutzen. Zusammen mit Tapert, Gillies und dem ausführenden Produzenten J.R. Young sah man sich in den Wäldern um Auckland herum um. Man fand eine Lichtung, die perfekt war, um dort die Hütte zu erbauen.

Neben der Hütte im Wald musste auch ein Duplikat für die Soundstage errichtet werden, denn bei den Sequenzen, die starkes Make-up für die Schauspieler erforderten, ließ sich leichter im kontrollierbaren Bereich eines Studios arbeiten. Gillies musste aber nicht nur die Hütte bauen lassen, sondern auch das neue Buch der Toten entwerfen. Das Design sollte recht simpel sein. Es ist in menschlicher Haut gebunden und mit Stacheldraht umwickelt – das allein macht es gruselig genug. Wichtig waren auch die Seiten, die so aussehen sollten, als seien sie im 12. Jahrhundert geschrieben worden. Dazu sollte man jedoch erkennen, dass die neuen Besitzer des Buches neue Textstellen eingefügt hatten.

Für die visuellen Effekte ist George Ritchie verantwortlich, der die Herausforderung interessant fand, nicht extensiv mit CGI zu arbeiten, sondern die Technik nur zu nutzen, um das bereits vorhandene Material zu verbessern. „Wenn ich meinen Job richtig gemacht habe", erklärt Ritchie, „dann bemerkt man meine Arbeit gar nicht."

Da der Großteil der Effekte live vor der Kamera aufgenommen werden sollte, war die enge Zusammenarbeit von Make-up-Effects-Designer Roger Murray und dem Make-up-Team von Jane O'Kane notwendig. Mit beiden hat Tapert schon über viele Jahre gearbeitet: „Früher sollte Jane immer so viel Blut wie möglich unterbringen. Dieser Film ist ihre Chance, es regnen zu lassen."

Für Murray und O'Kane war der Film eine große Gelegenheit, denn heutzutage wird viel von dem, was sie normalerweise machen, durch CGI erreicht. Aber nichts übertrifft echtes Handwerk, das auch für den Zuschauer weit authentischer wirkt.

EVIL DEAD einen der blutigsten Filme aller Zeiten zu nennen, ist keine Übertreibung. FX-Supervisor Jason Durey erklärt: „Bei 30 DAYS OF NIGHT, der ein großer, sehr blutiger Vampirfilm ist, brauchten wir 4.500 Liter Blut. Bei diesem Film haben wir mehr als 25.000 Liter verbraucht. Wir benötigten ja schon 300 Liter an

Kotze, wenn man all die Testaufnahmen miteinbezieht. Die Menge an Körperflüssigkeiten ist weit jenseits allem, was ich bisher gemacht habe."

Für die Kameraarbeit holte man Aaron Morton, der mit Alvarez zusammen die selbstgestellte Herausforderung meisterte, einen guten Teil des Films während des Tages spielen zu lassen. Das gibt es in Horrorfilmen so oft nicht, funktioniert hier aber gut, weil sehr stimmungsvolle Bilder eingefangen wurden.

Für den Regisseur ist der Film auch eine Art Sequel, wie er der Website Aintitcool erklärte: „Es ist eine Geschichte, die 30 Jahre nach dem Original spielt. Der Wagen ist dort, die Hütte ist da und das Buch hat seinen Weg zurückgefunden. Nun bekommen neue Leute es mit dem Bösen des Buchs zu tun. Ist der Film also ein Sequel? Vielleicht. Aber das Problem mit dieser Theorie ist, dass es zu viele Zufälle und Übereinstimmungen in den Ereignissen beider Filme gibt. Aber wenn man glaubt, dass die böse Naturgewalt dies Dinge erzwingen kann, dann könnte es ein Sequel sein."

Letzten Endes ist es nicht weiter wichtig, ob man den Film nun als Sequel oder Remake ansehen will, was zählt ist, dass Alvarez' Werk den Geist des Originals atmet und sich als Horrorfilm präsentiert, der mit Schocks und Stimmung richtig gut unterhalten kann.

Die Geschichte ist natürlich keineswegs originell. Sie hält sich an das, was Sam Raimi vor so vielen Jahrzehnten vorgab. Aber obwohl er in den USA ein R-Rating erhalten hat (im Gegensatz zum NC-17 des Originals) muss er sich in Sachen Gore, Splatter und abgetrennter Gliedmaßen nicht zurückhalten. Im Gegenteil, die Effekttechnik wurde perfektioniert. Das heißt jedoch nicht, dass hier galonenweise CGI-Blut fließen würde. Alvarez hat den Film mit altmodischen, handgemachten Effekten umgesetzt. Der Computer wurde in minimaler Form eingesetzt, etwa dann, wenn es anders nicht möglich wäre, um etwa einen Arm am Körper eines Menschen verschwinden zu lassen, nachdem dieser abgetrennt wurde.

Das verleiht EVIL DEAD ein rauhes Old-School-Feeling. Der Film macht keine Gefangenen. Hier gibt es Horror, der wirklich einhält, was das Poster verspricht. Ob es der erschreckendste Film ist, den man je gesehen hat, steht natürlich auf einem gänzlich anderen Blatt. Aber eines ist EVIL DEAD: Ein verdammt gutes Remake.

Interessant ist dabei, dass man den Mut hat, eigene Wege zu gehen. So werden zwar viele Elemente der ersten beiden TANZ DER TEUFEL-Filme zitiert, aber schon in der Zeichnung der Hauptfigur weicht man vom Altbekannten ab. Wohl auch, weil allen bewusst war, dass man niemanden finden kann, der als Ash ein würdiger Ersatz für Bruce Campbell wäre. So gibt es hier eine Heldin, die aber auf den ersten Blick nicht als solche zu erkennen ist, denn Mia ist nicht nur ein Wrack, sie wird auch das erste Opfer des Bösen. Über lange Strecken ist sie die Besessene, von der letzten Endes alles ausgeht.

Der Film ist dabei clever gestaltet, so dass man den Eindruck bekommt, einer der männlichen Protagonisten sei eigentlich die Hauptfigur, die schließlich in die Fußstapfen von Ash schlüpfen wird.

EVIL DEAD ist in jeder Beziehung ein Film der alten Schule. Hier setzt man nicht auf Bösartigkeit, wie sie im Torture-Porn-Kino der letzten Jahre zuhauf zu sehen war. Stattdessen passieren guten Menschen schlimme Dinge, was auch drastisch dargestellt ist, aber von der Gesinnung her nicht unangenehm ist. Dabei gibt es ein paar Szenen, die direkt an die beiden ersten Sam-Raimi-Filme angelegt sind und mit einer Hand, aber auch der Reaktion auf die Ankündigung eines Dämons, eine Seele zu verschlingen, zu tun haben.

Pläne für einen zweiten Teil gibt es auch schon. Und sogar noch mehr. Auf der WonderCon im März 2013 erklärten Alvarez und Campbell, dass der ultimative Plan einen EVIL DEAD 2 und ARMY OF DARKNESS 2 vorsieht, nach denen ein siebter Film dann beide Narrativen verbinden und Ash und Mia gemeinsam gegen Deadites kämpfen lassen soll. Das ist so cool, da gibt's nur ein Wort für: Groovy.

Bruce Campbell

Bruce Campbell ging nicht den klassischen Weg, den man bei einem Schauspieler eigentlich erwartet. Er nahm keinen Schauspielunterricht, verdingte sich nicht als Kellner in Hollywood, war nicht in Miniparts zu Beginn seiner Karriere zu sehen und ersparte sich die Runde durch zahlreiche Fernsehserien. Campbell ging von Anfang an einen anderen Weg. Seine ersten schauspielerischen Gehversuche machte er in den Kurzfilmen seines Freundes Sam Raimi, mit dem zusammen sogar ein Prototyp für den späteren TANZ DER TEUFEL entstehen sollte.

Geboren wurde Campbell am 22. Juni 1958 in Royal Oak, Michigan, als jüngster von drei Brüdern. Seine Kindheit verbrachte er völlig normal, wie er selbst einmal meinte, obwohl ihn die Liebe zur Schauspielerei schnell erwischte.

Im zarten Alter von acht Jahren sah der kleine Bruce seinem Vater zu, wie er an einem Stück, das im Gemeindetheater aufgeführt wurde, teilnahm und dabei ganz offensichtlich eine Menge Spaß hatte. Das war es, was er machen wollte, entschied der Junge. Es sollte aber noch ein paar Jahre dauern, bevor er seine erste Rolle erhielt. Mit 14 spielte er den jungen Prinzen in der Inszenierung von „Der König und ich", weil der eigentlich dafür vorgesehene Junge überraschend krank wurde. Nach diesem Debüt war Campbell noch öfters im örtlichen Theater zu sehen und begann wenig später, erste Kurzfilme zu machen. Zuerst arbeiteten er und sein Freund Scott Spiegel an ein paar Super-8-Filmen, aber nachdem Campbell in der High School Sam Raimi kennen lernte, begann der Spaß erst richtig. Alle miteinander waren davon besessen, Filme zu machen und so schufen sie ein kleines Werk nach dem anderen.

Im Sommer des Jahres 1976 fand Campbell einen Job als Assistent in einem Theater in Michigan, wo er einiges in Bezug auf die Schauspielerei lernte. Nach dem Sommer entschied er sich, die Universität von Michigan zu besuchen, aber schon nach wenigen Monaten wurde ihm klar dass ihm das Studentenleben zu langweilig war. Er wollte ins Showgeschäft.

Nachdem er die Universität verlassen hatte, arbeitete er eine Zeitlang bei einer Firma, die sich auf Werbespots spezialisiert hatte. Weiterhin arbeitete er jedoch mit seinen Freunden zusammen, wobei sich die jungen Leute irgendwann entschlossen, es endlich ernsthaft anzugehen. Und wie sollte man leichter ins Geschäft kommen, als gleich selbst einen Film zu drehen. Mit dem Kurzfilm WITHIN THE WOODS machten sich die jungen Filmemacher Anfang 1979 daran, Investoren für ihren ersten Langfilm zu finden. Nachdem die Finanzierung stand, konnte die Produktion von TANZ DER TEUFEL, die sich über mehrere Jahre hinwegziehen sollte, beginnen.

Für seine erste „echte" Darstellung konnte Campbell auf die Erfahrungen zurückgreifen, die er bei den Kurzfilmen von Raimi, Spiegel und dem ebenfalls befreundeten Josh Becker gemacht hatte. Obwohl er nie eine echte Ausbildung in der Richtung genoss, erwies er sich als Naturtalent.

TANZ DER TEUFEL wurde zum Erfolg und eröffnete den Beteiligten neue Möglichkeiten, aber das harte Hollywood-Geschäft zeigte schnell, dass man sich auf früheren Lorbeeren nicht ausruhen konnte. Campbell hätte in dem von Raimi inszenierten Film DIE KILLER-AKADEMIE die Hauptrolle spielen sollen, da aber das produzierende Studio dagegen war, blieb für ihn nur eine Nebenrolle übrig. Im Rückblick erwies sich das als Segen, da man Campbell als Hauptdarsteller natürlich auch mit dem Misserfolg des Films assoziiert hätte, was seiner Karriere durchaus ein frühes Ende hätte bereiten können.

Die Probleme bei DIE KILLER-AKADEMIE ergaben sich jedoch schon beim Drehen, wobei Raimi vom Studio Embassy kaum Unterstützung bekam und es aufgrund eines finanziellen Missverständnisses mit der Nutzung der Polizei von Detroit bzw. dem Absperren mancher Locations, zu Streitigkeiten kam, derentwegen Raimi fortan nicht mehr in Detroit drehte, obwohl er DARKMAN gerne in dieser Stadt angesiedelt hätte.

Der Flop von DIE KILLER-AKADEMIE brachte sowohl Raimi wie auch Campbell dazu, zu ihren Wurzeln zurückzukehren. Man begann mit der Arbeit an TANZ DER TEUFEL II, der mit einem zehnmal so hohen Budget wie das Original gedreht wurde. Der zweite Film erwies sich als Erfolg, sowohl künstlerisch als auch finanziell, weswegen man eigentlich hätte erwarten können, dass die grossen Studios auf Campbell aufmerksam geworden wären. Aber so war es nicht.

Stattdessen entwickelte sich Campbell zum Kultstar, der in vielen Independent-Filmen mitwirkte und durch seine wiederholten Ausflüge in den phantastischen Film eine grosse Fangemeinde hinter sich versammeln konnte.

Neben einem Cameo-Auftritt in dem blutrünstigen INTRUDER, der unter der Regie von Scott Spiegel entstand, wirkte Campbell in dem kleinen Science Fiction-Film MOONTRAP mit, bei dem er mit dem als Chekov bekannten Walter Koenig zusammenarbeiten konnte. Auch sein weiteres Werk war dazu angetan, Genrefreunden viel Spaß zu machen. In MANIAC COP, einem Film des durch MANIAC geradezu berüchtigt gewordenen William Lustig, spielte er einen Polizisten, der antrat, gegen den titelgebenden verrückten Cop anzugehen. Bei SUNDOWN, einer herrlichen Horrorkomödie von Anthony Hickox, durfte Campbell einen Erben des legendären Professor van Helsing darstellen und inmitten der Wüste gegen Vampire kämpfen. Mit Hickox arbeitete Campbell später auch an SPACESHIFT, der Fortsetzung seines Hits REISE ZURÜCK IN DIE ZEIT, zusammen. In diesem Film, der seine Charaktere in Versatzstücke großer und bekannter Horrorfilme tappen lässt, wirkte Campbell in einer Episode mit, die an den Klassiker BIS DAS BLUT GEFRIERT angelehnt ist.

Weitere Filme, die Campbells Ruf festigten, waren MANIAC COP II, in dem seine Figur das Zeitliche segnete, und DARKMAN, bei dem er allerdings nur in einer kurzen Szene am Ende zu sehen war. Obwohl viele vermuteten, dass Raimi seinen Freund Campbell bei DARKMAN in der Hauptrolle einsetzen wollte, verneinte der Schauspieler dies bei Interviews, auch wenn es gegensätzliche Berichte gibt, die nahelegen, dass das Studio Campbell nicht in der Hauptrolle haben wollte. Die Szene am Schluss, in der er Darkman ist, wurde lediglich gemacht, um den vielen Fans von TANZ DER TEUFEL eine kleine Freude zu bereiten. Hinter den Kulissen war Campbell jedoch damit beschäftigt, für einige der sterbenden Schurken markerschütternde Schreie aufzunehmen. Und wer wäre hierfür schliesslich besser geeignet gewesen, als die einzige männliche Scream Queen des Horrorfilms?

Noch bevor die Arbeit an ARMEE DER FINSTERNIS begann, arbeitete Campbell zusammen mit Josh Becker an dem merkwürdigen Film LUNATICS – DUELL DER ALBTRÄUME, in dem Ted Raimi die Hauptrolle übernommen hatte.

Mit ARMEE DER FINSTERNIS tauchte Campbell als Hauptdarsteller in einem gross budgetierten

Film auf, aber er erwies sich nicht als der Erfolg, den man erwartet hatte. Für die harten Fans von TANZ DER TEUFEL war er zu zahm, für alle anderen wohl nur ein weiterer Horrorfilm.

Mit HUDSUCKER, einem Film der Coen-Brüder, der auf einem gemeinsamen Drehbuch von Raimi und den Coens basierte, erhielt Campbell eine Nebenrolle, die ihm genug Gelegenheit gab, einmal in einem grossen Film zu glänzen. Genauso wie DIE KILLER-AKADEMIE fand diese Hommage an die grosse Zeit der Screwball-Komödien jedoch nicht ihr Publikum. Damit zeigt sich auch die Crux in der Karriere von Bruce Campbell. In kleinen Filmen feierte er oftmals Erfolge, aber die grossen Filme, die mit riesigem Budget produziert wurden, gingen an der Kasse gewöhnlich unter. Die Erfahrung, an einer Produktion wie HUDSUCKER mitzuarbeiten, bei der nicht alles so schnell und gehetzt wie bei einem kleinen Film zuging, hatte ihm jedoch sehr gut gefallen. In den kommenden Jahren war er noch in einigen Coen-Produktionen dabei, zumeist aber nur mit Cameos wie in EIN (UN)MÖGLICHER HÄRTEFALL und LADYKILLERS.

Campbells Karriere nahm nach einer langen Zeit konstanter Arbeit beim Film eine Veränderung, die bis heute anhält. Er erhielt die Hauptrolle in der Fernsehserie DIE ABENTEUER VON BRISCO COUNTY JR., die allerdings nach nur einem Jahr wieder eingestellt wurde. Die Arbeit an er Serie gefiel Campbell jedoch sehr gut, wobei diese Rolle für ihn auch den Durchbruch im Fernsehen bedeutete. Sie ist die Saat, die später aufgehen sollte.

Neben seiner Arbeit für das Fernsehen blieb Campbell natürlich auch dem Film treu. Bei CONGO beispielsweise nahm er eine kleine Rolle an. Seine Figur ist gerade einmal in den ersten fünf Minuten zu sehen, aber da die Dreharbeiten in Costa Rica stattfanden und er zwischen seinen Aufnahmen immer eine Menge Zeit hatte, bot sich ihm so die Gelegenheit, mal richtig auszuspannen.

Unter der Regie von John Carpenter war er in FLUCHT AUS L.A., einem eher mittelmässigen Remake von DIE KLAPPERSCHLANGE, als wahnsinniger Schönheitschirurg zu sehen, wobei sein Gesicht aber unter einigem Latex nicht ganz leicht zu erkennen war. Während Campbell nunmehr im Kino hauptsächlich nur noch in kleinen Filmen zu sehen war und vermehrt zu seinen Wurzeln zurückkehrte, blühte das Fernsehgeschäft bestens auf. Zusammen mit Josh Becker arbeitete er an dessen preisgekrönten Film RUNNING TIME, der in Echtzeit ablief und in einer durchgehenden Aufnahme gedreht wurde. Für Scott Spiegel absolvierte er eine kleine Cameo-Rolle am Anfang von FROM DUSK TILL DAWN 2, aber hauptsächlich hatte Campbell sein Heim im Fernsehen gefunden.

Die Arbeit an DIE ABENTEUER VON BRISCO COUNTY JR. hatte ihm mehrere Türen geöffnet, die er nun durchschritt. Er absolvierte mehrere Gastrollen in Serien wie SUPERMAN - DI– ABENTEUER VON LOIS UND CLARK oder HOMICIDE. Schließlich erhielt er bei HERCULES die Rolle von Autolycus, dem König der Diebe, die bei den Fans der Serie auf Anhieb sehr populär war. Darum bauten die Autoren Autolycus auch immer öfters ein und ließen den Dieb auch XENA besuchen. Im vierten Jahr von HERCULES, als Kevin Sorbo aufgrund eines Schulteraneurysmas kürzer treten musste, hatte Campbell die meisten seiner Auftritte bei der Serie. Bei HERCULES und XENA begann der Schauspieler auch, Regie zu führen, wobei er mitunter Folgen inszenierte, in denen er selbst mitspielte.

Neben seiner Serienarbeit wirkte Campbell in einer Vielzahl von Fernsehfilmen mit, wobei sich so mancher wie TORNADO an gerade erfolgreiche Trends anhängte, aber eines war diesen Filmen allen gemeinsam: Sie konnten mit einer überzeugenden Darstellung von Bruce Campbell aufwarten. Und das gilt sogar für einen Syfy-Channel-Film wie ALIEN APOCALYPSE, der von Josh Becker enthusiatisch inszeniert wurde, aber im Grunde kaum über Laien-Niveau hinauskommt.

Mit seiner fortgesetzten Arbeit im Fernsehen erlebte Campbell auch einen völlig neuen Grad der Bekanntheit, da er durch Auftritte in populären Serien wie HERCULES oder XENA schlagartig sehr vielen Menschen ein Begriff wurde. Zeitweise wurde sogar darüber spekuliert, dass Campbell der Star eines weiteren HERCULES-Spin-offs werden würde, aber die Idee, Autolycus zum Helden einer eigenen Serie zu machen, scheiterte auch daran, dass die Figur nicht unbedingt das Potential eines Leading Mans hat.

Nach dem Ende von HERCULES hat Campbell nun jedoch seine eigene Fernsehserie. Als Jack Styles spielt er den Helden in der halbstündigen Serie JACK OF ALL TRADES, die jedoch nach nur einer Staffel wieder eingestellt wurde. In der engeren Auswahl war Campbell für die Rolle des Agent Doggett in AKTE X, als David Duchovny die Show verließ und Ersatz vonnöten war.

Bruce Campbell, der auch die Zeit fand, seine Autobiographie „Confessions of a B-Movie Actor" zu schreiben, ist heute besser im Geschäft als je zuvor. Mit der Serie BURN NOTICE ist er der Ko-Star einer erfolgreichen Action-Show, in der er als Sam Axe eine Rolle spielt, wie sie ihm bestens liegt: selbstbewusst und witzig. Die Serie wird noch ein paar Jahre laufen. Darüber hinaus gab es für Campbells Figur einen eigenen Fernsehfilm mit der Vorgeschichte von Sam Axe.

In den letzten Jahren nahm Campbell auch zweimal auf dem Regiestuhl Platz. Zuerst beim arg trashigen THE MAN WITH THE SCREAMING BRAIN, später dann bei MY NAME IS BRUCE, wo er sich selbst spielt und gegen Dämonen kämpfen muss. Apropos Dämonen: Als Produzent war er auch am EVIL DEAD-Remake beteiligt und hat einen kleinen Cameo-Auftritt als Ash nach dem Abspann.

Trotz einer sehr gut gehenden Karriere und einer Vielzahl an Projekten, an denen er in unterschiedlichen Funktionen beteiligt ist, hat sich der Schauspieler eine Natürlichkeit bewahrt, die ihn gerade so sympathisch macht. Zu gefallen weiß auch, dass Campbell kein Blatt vor den Mund nimmt, wenn ihm etwas nicht gefällt. Bei der Wahl seiner Filme mag er mitunter kein ganz glückliches Händchen bewiesen haben, aber jede seiner Rollen spielte er mit der gleichen Überzeugung und Hingabe.

Filmographie:

1977 It's Murder
1978 Within the Woods
1978 Clockwork
1982 The Evil Dead (Tanz der Teufel)
1983 Going Back
1985 Thou shalt not kill...Except (Du sollst nicht töten, ausser...)
1985 Crimewave (Die Killer-Akademie)
1987 The Evil Dead II (Tanz der Teufel II)
1988 Intruder (Bloodnight)
1988 The Dead Next Door (The Dead Next Door) (nur Stimme)
1988 Maniac Cop (Maniac Cop)
1989 Sundown: The Vampire in Retreat (Sundown)

1989   Generations (TV-Serie)
1989   Moontrap (Moontrap)
1990   Mindwarp (Brainslasher)
1990   Maniac Cop II (Maniac Cop II)
1990   Darkman (Darkman)
1991   Lunatics: A Love Story (Lunatics – Duell der Alpträume)
1992   Waxwork II: Lost in Time (Space Shift)
1992   The Chiller Theatre Expo Video, Vol. 1
1993   Army of Darkness (Armee der Finsternis)
1993   The Adventures of Brisco County, Jr. (Die Abenteuer von Brisco County, Jr., TV-Serie)
1994   The Hudsucker Proxy (Hudsucker)
1995   The Demolitionist (The Demolitionist)
1995   The Quick and the Dead (Schneller als der Tod) (Szenen geschnitten)
1995   Congo (Congo)
1996   Menno's Mind (Terror im Computer)
1996   Assault on Dome 4
1996   Fargo (Fargo)
1996   Tornado! (Tornado)
1996   Excape from L.A. (Flucht aus L.A.)
1997   Running Time (Running Time)
1997   McHale's Navy (McHale's Navy)
1997   In the Line of Duty: Blaze of Glory (Bankraub – Die Spur führt in den Tod)
1997   The Love Bug (Ein toller Käfer kehrt zurück)
1998   Goldrush: A Real Life Alaskan Adventures (Goldrausch)
1999   Icebreaker (Der Eisbrecher)
1999   The Ice Rink
1999   From Dusk Till Dawn 2: Texas Blood Money
2000   Jack of All Trades (TV-Serie)
2000   Timequest
2001   The Majestic (The Majestic)

2002 Spider-Man (Spider-Man)
2002 Bubba Ho-Tep (Bubba Ho-Tep)
2002 Serving Sara (Mann umständehalber abzugeben oder: Scheiden ist süß)
2002 Terminal Invasion (Terminal Invasion)
2003 Drugs
2003 Intolerable Cruelty (Ein (un)möglicher Härtefall)
2004 The Ladykillers (The Ladykillers)
2004 Spider-Man 2 (Spider-Man 2)
2005 Alien Apocalypse (Alien Apocalypse)
2005 Man with the Screaming Brain (Man with the Screaming Brain)
2005 Sky High (Sky High – Diese High School hebt ab)
2006 The Woods (The Woods)
2006 Touch the Top of the World
2006 The Ant Bully (Lucas, der Ameisenschreck)
2007 My Name is Bruce (My Name is Bruce)
2007 Spider-Man 3 (Spider-Man 3)
2007 Burn Notice (Burn Notice, TV-Serie)
2009 White on Rice
2011 Burn Notice: The Fall of Sam Axe
2011 Cars 2 (Cars 2)
2012 Tar
2013 Oz the Great and Powerful (Die fantastische Welt von Oz)
2013 Evil Dead (Evil Dead)

Bruce Campbell Interview

F: Warst Du jemals in Deutschland? Vielleicht zur Erholung oder eines Jobs wegen?
BC: Ich habe Euer schönes Land leider noch nie besucht. Vor einiger Zeit arbeitete ich in Frankreich, aber näher bin ich nicht an Deutschland herangekommen.

F: Wie waren die Dreharbeiten mit Anthony Hickox, der unter Horror-Fans einen sehr guten Ruf besitzt? Deine Darstellungen in SUNDOWN und SPACESHIFT waren ja grandios.
BC: Ich habe die Arbeit mit Anthony sehr genossen. Er gab mir eine Menge Freiraum bei der Gestaltung meiner Rollen, was mir sehr viel Spaß machte.

F: Werdet ihr beide vielleicht wieder einmal zusammenarbeiten?
BC: Derzeit bestehen keine Pläne für ein gemeinsames Projekt, aber in diesem Geschäft können sich die Dinge manchmal recht schnell ändern.

F: Magst Du selbst eigentlich Genre-Filme lieber als den normalen Mainstream?
BC: Die meisten meiner Fans überrascht es, dass ich eigentlich kein Fan dieser Filme bin. Ich habe zwar in einer Menge dieser Exploitation-Filme mitgewirkt, aber ich sehe sie mir eigentlich kaum in meiner Freizeit an. Um die Wahrheit zu sagen, sehe ich ohnehin nur sehr wenig fern. Nach einem langen Tag auf dem Set steht mir der Kopf nicht danach, mich hinzusetzen und mir einen Film anzusehen (gleich welchen Genres).

F: Trotzdem wurdest Du alleine durch Deinen ersten Film, TANZ DER TEUFEL, natürlich schnell auf diese Art Filme festgelegt. Stört Dich das?

BC: Nein, ich bin auch heute noch stolz auf das, was ich gemacht habe. Ich habe aber nie beabsichtigt, ein Horrorfilmstar zu werden. Als wir TANZ DER TEUFEL machten, hatten wir uns für einen Horrorfilm entschieden, weil diese Art Film zu jener Zeit gerade äußerst populär und erfolgreich war. Zugegeben habe ich aber erst durch diesen Film weitere Angebote für Filme dieses Genres erhalten. Heute versuche ich, so viele verschiedene Rollen wie möglich zu spielen.

F: Welcher der drei TANZ DER TEUFEL-Filme hat Dir selbst am besten gefallen und was ist Deine Lieblingsszene?

BC. Mein Favorit ist ganz klar der zweite Teil. Die beste Szene des Films ist diejenige, die eigentlich jedem am besten gefällt: der Kampf mit der besessenen Hand.

F: Es wurde oft gesagt, dass Ash nichts anderes als der Prügelknabe von Sam Raimi und dem Publikum ist. Warum glaubst Du gefällt es den Leuten so sehr, zu sehen, wie Ash immer wieder Prügel bezieht?

BC: Weil er im Endeffekt ein Idiot ist und direkt darum bittet. Ash repräsentiert darüber hinaus auch all das, was die Leute gerne einem Helden passieren sehen würden, gewöhnlicherweise aber nicht zu sehen bekommen.

F: In den Credits von TANZ DER TEUFEL (und einigen anderen Sam Raimi-Produktionen) taucht der Begriff „Fake Shemp" als Rollenbezeichnung auf. Was hat es damit auf sich?

BC: Wir (Sam Rami, Scott Spiegel und ich selbst) sind alle große Fans der Three Stooges (Anmerkung: die drei

Stooges waren während Hollywoods Slapstick-Ära ein beliebtes Komiker-Trio) als wir aufwuchsen. Als wir mit der Zeit mehr über die Stooges erfuhren, fanden wir heraus, dass viele ihrer Kurzfilme, die in etwa immer 20 Minuten lang waren, parallel nebeneinander entstanden, weil sie so bestehende Sets großer Columbia-Produktionen benutzen konnten. Dadurch hatten sie die Möglichkeit, beispielsweise teure Sets eines Schlosses zu benutzen und dort eine Tortenschlacht abzuziehen bevor das Set wieder abgerissen wurde. Ein Resultat dieser Vorgehensweise war, dass sie neben kompletten auch immer nur kleine Stücke anderer Kurzfilme drehten.

Eines Tages kam es aber, dass Shemp (derjenige mit dem langen schwarzen Haar) einen Herzinfarkt erlitt und deswegen für einige Zeit ausfiel. Da aber noch immer einige Kurzfilme zu beenden waren, benutzten sie einfach einen Fake Shemp, einen falschen Shemp also. Das Witzige an diesen Doubles war oft, dass sie weder die richtige Statur noch Grösse besaßen und auch Shemps Körpersprache nie richtig imitieren konnten. Sogar als wir in der High School waren, von Werbeblöcken und jeder Menge Snacks abgelenkt wurden, erkannten wir immer, wann ein solcher Fake Shemp zum Einsatz kam und amüsierten uns köstlich darüber.

In unseren ersten frühen Super-8-Filmen begannen wir dann den Begriff „Fake Shemp" für jeden Schauspieler zu benutzen, der entweder keine Sätze zu sagen hatte oder einfach nur für einen anderen Schauspieler einsprang (was ziemlich oft geschah, da wir ja schließlich niemanden bezahlen konnten). Das gleiche galt übrigens für all die Akteure, die einfach nur irgendwo im Hintergrund zu sehen waren.

Bei unserem ersten TANZ DER TEUFEL-Film entschlossen wir uns dann dazu, die Fake Shemps als offizielle Credit-Kategorie zu benutzen. Wir listeten die

Namen all derer unter dieser Bezeichnung auf, die nur zum Teil im Film vorkamen, von denen also nur eine Hand oder ein Fuß zu sehen war oder die einfach so sehr mit Make-up vollgepflastert wurden, dass man sie nicht mehr erkennen konnte. Diese Vorgehensweise erschien uns richtig, da viele Low-Budget-Filme über lange Zeiträume auf manchmal merkwürdige Art produziert werden.

Seit jener Zeit hat sich die Bezeichnung auf recht amüsante Art weiterentwickelt. Ich selbst war beispielsweise bei SCHNELLER ALS DER TOD als Wedding Shemp dabei (Anmerkung: Wer sich jetzt fragt, wo Campbell in diesem Film auftaucht, der muss über gute Augen verfügen, da man ihn nur einmal im sehr entfernten Hintergrund sehen kann).

F: Ein gibt ein Spiel zu TANZ DER TEUFEL-Spiel. Haben Sam Raimi und Du an diesem Spiel in stärkerer Form mitgearbeitet, also beispielsweise bei der Entwicklung der Geschichte oder eventuell gefilmten Szenen?
BC: Ich leihe dem animierten Ash meine Stimme und bin auch bei einigen kleineren Details an dem Spiel involviert, aber Sam und ich hatten gerade jetzt eigentlich zu wenig Zeit, um uns da voll hineinzuhängen.

F: Während Deiner ganzen Karriere warst Du nicht nur als Schauspieler aktiv, sondern hast auch geschrieben, produziert und inszeniert. Welcher dieser Jobs gefällt Dir selbst am besten und könntest Du Dir vorstellen, eines Tages nur noch als Produzent oder Regisseur zu arbeiten?
BC: Ich nenne das schlicht und einfach „Job Rotation". Im Filmgeschäft interessiere ich mich für sehr verschiedene Dinge und nicht nur für das Agieren vor der Kamera. Außerdem möchte ich mich natürlich auf den

Tag vorbereiten, wenn es Zeit wird, den Mantel der Schauspielerei an den Nagel zu hängen. Mit einigen anderen Fähigkeiten kann ich so meine Zeit in diesem Geschäft deutlich ausdehnen.

F: Welcher Aspekt des Filmemachens gefällt Dir am besten?
BC: Jeder einzelne ist auf seine Art sehr lohnend und gleichzeitig auch sehr aufreibend. Schreiben ist eine sehr einsame Angelegenheit, aber wenn das Drehbuch produziert wird, ist man derjenige, der die Rechte kontrolliert. Die Regie zu führen ist etwas ganz anderes. Man ist in alle Phasen des Filmemachens involviert und wird den ganzen Tag mit Fragen bombardiert. Der kreative Lohn dieser Tätigkeit ist aber auch sehr hoch.

Als Schauspieler befindet man sich oft, um eine Football-Analogie zu bemühen, auf der Ersatzbank. Man wartet, wärmt sich auf und wird schließlich in der letzten Minute ins Spiel gebracht, um den Sieg davonzutragen.

Wie ich schon sagte, mag ich eine gute Mischung dieser Tätigkeiten und trage gerne immer wieder einen anderen dieser „albernen Hüte", um mich zu beschäftigen.

F: Gab es für Dich als Schauspieler oder Regisseur schon Situationen, in denen es sehr schwer war, mit Kollegen (seien es nun Schauspieler oder Regisseure) auszukommen?
BC: Jeder Fall ist einzigartig und bei jedem Film und jeder Serie kann es immer mal wieder Probleme geben. Gewöhnlich komme ich mit den Leuten aber sehr gut aus, solange sie auch talentiert sind und sich auf ihre Arbeit vorbereitet haben.

F: Wie ist die Arbeit mit Sam Raimi? Ist er eher ein ruhiger Typ oder versucht er, seine Meinung mit allen Mitteln durchzusetzen?

BC: Sam ist derzeit sehr stark mit verschiedenen Filmen beschäftigt, also kann man ihn nicht unbedingt als Plage bezeichnen. Er lässt einem die Freiheit, sein eigenes Ding durchzuziehen, wenn er weiß, dass er sich auf das Talent aller Beteiligten verlassen kann.

F: Du hast Deine Autobiographie „Confessions of a B-Movie Actor" geschrieben. Wie kam dieses Buch zustande?

BC: Ich habe mit dieser Idee schon lange gespielt und konnte schließlich den Verlag St. Martin's Press überzeugen (sprich ich habe sie angebettelt), es zu verlegen. Ich hoffe, mit diesem Buch ein realistisches Porträt des Biestes Hollywood abzuliefern. Nicht unbedingt in der Art, dass ich die Hand beiße, die mich füttert, aber ein bisschen dran nagen werde ich schon.

F: Du hast sehr oft mit Sam Raimi zusammengearbeitet. Was sind Deine schönsten und schlechtesten Erinnerungen sowohl was die Zusammenarbeit mit Raimi als auch Eure Freundschaft betrifft?

BC: Das kann man alles in meinem Buch nachlesen. Schon jetzt kann ich aber sagen, dass er einer der kreativsten Menschen in Hollywood ist und ich ihn als einen sehr guten Freund betrachte.

F: Wenn Du einen Film machen könntest, über den Du die volle Kontrolle als Produzent, Regisseur, Autor und Schauspieler hättest, was würde das dann für ein Film sein?

BC: Ein Film über echte Menschen, wahrscheinlich sogar auf einer wahren Begebenheit beruhend. Ich finde, dass die Wahrheit oft viel eigenartiger ist als die Phantasie. Zudem ist etwas wirklich Geschehenes natürlich viel eindringlicher als jede Fiktion. Ich würde bei einem solchen Projekt aber auch auf völlige Nichteinmischung durch ein Studio bestehen.

F: Gibt es irgendeine Rolle, bei der Du Dich einfach selbst gespielt hast?
BC: In jeder meiner Rollen habe ich einen großen Teil von mir selbst eingebracht. Schauspieler, die behaupten, dass sie einfach in eine Figur eintauchen, sind entweder schizophren oder lügen. Meine Figuren sind im Endeffekt ich selbst an einem guten oder schlechten Tag

F: Gab es für Dich einen speziellen Grund, das doch recht unsichere Feld der Unterhaltungsindustrie als Karrierezweig zu wählen?
BC: Der Unsicherheitsfaktor war eigentlich nie ein Thema für mich. Ich habe nie darüber nachgedacht, dass ich es als Schauspieler nicht schaffen würde. Was ich heute mache, mache ich, weil ich es liebe, in andere Rollen zu schlüpfen. Ich verstehe ohnehin nicht, warum nicht mehr Menschen versuchen, ihr Hobby in eine Karriere zu verwandeln. Sicher ist das Geschäft unstet, aber heutzutage ist schließlich kein Job hundertprozentig sicher.

F: Was glaubst Du, würdest Du heute machen, wenn Du nicht Schauspieler geworden wärst?
BC: Ich denke, ich wäre Lehrer geworden. Wissen mitzuteilen und zu vermitteln, ist ein wichtiger Bestandteil der Gesellschaft. Tatsächlich bin ich aber nicht unbedingt der Typ, der tagein, tagaus von 9:00 bis 17:00 Uhr sein Werk verrichtet.

F: Wie war Deine Einstellung dem Filmbusiness gegenüber, als Du begonnen hast, und wie – wenn überhaupt – hat sich diese Einstellung verändert?
BC: Ich hatte natürlich wie jeder, der sich in einem bestimmten Beruf versucht, Träume und Phantasien. Man braucht das auch, um beständig weiterzumachen. Inzwischen bin ich schon eine ganze Weile in dem Geschäft, so dass sich meine „traumhaften" Illusionen zum Business natürlich verändert haben. Ich sehe das Ganze jetzt realistischer.

F: Angenommen, Du bekämest eine zweite Chance, was würdest Du bei Deiner Karriere anders machen?
BC: Vielleicht würde ich beim nächsten Mal meine E-Mail-Adresse nicht mehr veröffentlichen – Ha! Nein, im Ernst, ich bedaure nichts. Eine Menge Filme, die ich vor ein paar Jahren gemacht habe, würde ich heute nicht mehr machen, aber damals war ich froh, die Arbeit zu bekommen, so dass ich daraus lernen konnte. Jeder muss irgendwo beginnen. Ich glaube, ich würde das Wort „Nein" ein bisschen öfters benutzen.

F: Wie war es für Dich, bei THE ICE RINK in Frankreich mit einer französischen Crew zu arbeiten?
BC: Die Arbeit an diesem französischen Film gefiel mir sehr gut. Die Art, wie Franzosen einen Film herstellen, ist ganz anders als in Amerika und von daher schon sehr erfrischend. Ihre Geschichten sind viel mehr charakterorientiert und ihre Arbeitsweise ist ziemlich entspannt.

F: Du wirkst auch heute noch oft in Independent Filmen mit. Schätzt Du die Arbeit an den Independents mehr als Studioproduktionen?

BC: Im Großen und Ganzen ja. Bei unabhängigen Filmen ist man gewöhnlich in der Lage, die kreative Kontrolle über seine Arbeit zu behalten, aber wenn man das Budget überschreitet, ist es natürlich aus. Bei den großen Studioproduktionen muss man, überspitzt ausgedrückt, nur ein bisschen arm schauen, um das Budget aufgestockt zu bekommen, aber das hat natürlich einen hohen Preis: den Verlust der Kontrolle.

F: Machst Du Deine eigenen Stunts?
BC: Ich mache einen Teil meiner Stunts selbst. Es ist Schwachsinn, wenn manche Schauspieler behaupten, sie machen „sämtliche Stunts". Das lassen die Versicherungen ganz einfach nicht zu. Ich selbst mache mehr als der durchschnittliche Schauspieler und habe in der Vergangenheit auch schon so manche Dummheit hinter mich gebracht, aber bei den wirklich gefährlichen Sachen helfen mir schon eine Menge talentierter Stuntmen aus.

F: Hast Du irgendwelche bemerkenswerten Verletzungen zu verzeichnen?
BC: In ARMEE DER FINSTERNIS habe ich mir einen Schnitt im Gesicht zugezogen, aber der Doktor in der Notaufnahme wusste nicht, welchen Schnitt er nähen sollte; Ash hatte so viele. Aber, um Larry Fine von den Three Stooges zu zitieren: Aller Schmerz verschwindet am Zahltag.

F: Was waren für Dich die besten Aspekte bei der Arbeit an HERCULES oder XENA?
BC: Ich liebte Neuseeland und kam mit Kevin und Lucy sehr gut aus (nicht zu vergessen die Golf-Turniere mit Kevin, bei denen ich ihn immer gewinnen ließ). Es

machte einfach immer wieder Spaß, an diesen Serien zu arbeiten.

Schrecklich waren aber die hohen Telefonrechnungen, die mir immer in den Briefkasten flattern, wenn ich wieder zu Hause war. Das und das schwere Essen. Ganz offensichtlich hatte sich das Konzept „weniger Fett" dort noch nicht herumgesprochen. Ach ja, es war auch gewöhnungsbedürftig, auf der anderen Seite der Straße zu fahren.

F: Wurde die Rolle des Autolycus extra für Dich geschaffen?

BC: Die Wahrheit ist: alle Rollen werden extra für mich geschaffen, aber ich habe nicht die Zeit, sie alle zu übernehmen! Diese Rolle wurde nicht extra für mich geschaffen, aber Rob Tapert dachte, dass ich genau der Richtige für Autolycus bin. Ich selbst sehe Auto als so eine Art Errol Flynn-Typ. Er ist ziemlich schnell zu einem der Charaktere, die ich am liebsten spiele, geworden.

F: In einer Folge von XENA wurde der Körper von Autolycus von Xenas Geist übernommen. Wie hast Du Dich darauf vorbereitet?

BC: Oh, das war einfach. Ich erinnerte mich einfach daran, wie es sich anfühlte, als ich selbst vom Geist einer Kriegerprinzessin besessen war. Mal sehen, dass muss jetzt so etwa vier Jahre her sein.

F: In der AKTE X-Episode „Zeit der Zärtlichkeit" gab es eine Szene, die an TANZ DER TEUFEL angelegt war. Kam diese Idee von Dir bzw. wurde die Rolle des Wayne Weinsider von den Autoren und Produzenten der Serie für Dich angelegt?

BC: Diese Ähnlichkeit war reiner Zufall, wobei der Regisseur sicherlich TANZ DER TEUFEL gesehen hatte und aufgrund meiner Mitwirkung darauf kam, diesen visuellen Gag zu gestalten. Die Rolle selbst war aber nicht für mich speziell entwickelt worden. Es war harte Arbeit für mich, diesen Part zu bekommen. Angeboten wurde er mir nicht.

F: Wie war die Arbeit mit David Duchovny?
BC: David ist ein toller Kerl. Tatsächlich hatten wir während des Drehs eine Menge zu lachen. Er hat einen sehr trockenen Sinn für Humor, der mir auch nicht unbekannt ist.

F: Wie unterscheidet sich die Arbeit als Schauspieler im Vergleich zwischen Kino und Fernsehen?
BC: Das Fernsehen ist sehr schnell. Das Einstundenformat ist ziemlich zermürbend. Man hat eine Woche, um eine ganze Episode fertigzustellen, was sich gewöhnlich in härtere Arbeit übersetzen lässt. Das bedeutet natürlich auch längere Arbeitstage und kaum die Möglichkeit für Proben. Bei Sitcoms ist das anders. Man probt die ganze Woche und verfeinert die Episode. Der Rausch, vor Publikum zu spielen, ist natürlich auch cool, aber das ist noch ziemlich neu für mich.

Bei Kinofilmen kann man sich mehr Zeit nehmen, um eine bessere Geschichte zu erzählen, aber das Fehlen der selbigen kann einen durchaus nerven. Die Resultate bei einem Kinofilm sind nicht notwendigerweise immer besser als etwas fürs Fernsehen.

F: Unter Verwendung eines Pseudonyms hast Du zusammen mit Sam Raimi und Scott Spiegel die Slapstick-Komödie DIE TOTAL BEKNACKTE NUSS geschrieben. Warum hast Du ein Pseudonym benutzt? Etwa, weil Du von dem Film enttäuscht warst?

BC: Mein Pseudonym bei diesem Film war Peter Perkinson (Anmerkung: In zahlreichen Filmdatenbanken des Internets wird Roc Sandstorm als Campbells Pseudonym genannt). Wir alle benutzten letztendlich ein Pseudonym, wegen dem, was aus der Produktion wurde. Anfänglich dachten wir, aus DIE TOTAL BEKNACKTE NUSS würde ein akzeptabler Film werden, aber schließlich wurde das Werk doch zu einem schrecklichen Fehlschlag.

F: Du hast nicht nur im Internet eine eigene offizielle Webpage, sondern beantwortest Deine E-Mails, die Du von den Fans erhältst, auch selbst, was bei den meisten Schauspielern ziemlich ungewöhnlich ist. Wie kommt das?

BC: Es stimmt leider, dass viele Schauspieler den Kontakt mit ihren Fans eher meiden. Ich glaube aber, dass die Fans, denen wir immerhin so viel verdanken, auch ein gewisses Maß an Aufmerksamkeit verdienen. Leider muss ich aber auch sagen, dass ich nicht weiß, wie lange ich noch meine E-Mails selbst beantworten kann, da es oftmals ziemlich schwierig ist, wenn ich nicht zu Hause bin.

So albern es sich vielleicht auch anhört, glaube ich, dass ich diese Haltung aber auch habe, weil ich selbst als Teenager mal an Steve McQueen geschrieben und niemals eine Antwort erhalten habe. Zugegeben, ich hatte sehr wahrscheinlich die falsche Adresse, aber ich erinnere mich doch noch sehr gut daran, wie enttäuscht ich damals war.

F: Gibt es unter den Fans, die Dir E-Mails schicken, auch – nun ja – rabiatere Fans?

BC: Nicht wirklich. 98 Prozent meiner Fans sind sehr höflich. Ich finde es nur bedauerlich, dass viele einfach nicht ihren wahren Namen nennen. Ich sehe ziemlich oft Namen wie „Dr. Death", „Snake Plissken", „Axe Man" und dergleichen mehr. Außerdem sind viele der E-Mails einfach sehr schwach geschrieben, was die Grammatik angeht. Ich selbst bin auch kein literarisches Genie, aber man kann fast nicht glauben, wie schlecht einige der E-Mails, die ich bekomme geschrieben sind. Kommt schon Leute, kauft euch einen Duden!

F: Hast Du auch negative Erfahrungen über das Internet gemacht?
BC: Eigentlich nicht, aber es gibt immer Leute, die nicht genug bekommen können. Denen sind die Rollen, die ich spiele nie groß genug oder die Filme nie erfolgreich genug. Ansonsten bekomme ich natürlich auch E-Mails, die irgendwo ein bisschen überflüssig und albern sind.

Einige Leute fühlen sich von meinen kurzen Erwiderungen auch oft vor den Kopf gestoßen. Wenn man jemanden reden hört, erkennt man gewöhnlich sehr leicht, wenn dieser scherzt oder nicht, aber beim geschriebenen Wort kann manchmal die Absicht falsch verstanden werden.

Bei einem Großteil meiner E-Mail-Erwiderungen betreibe ich auch ganz einfach „Gerüchtekontrolle". Es gibt eine Menge an Falschinformationen da draußen. Das meiste davon ist harmlos, aber ich bin mir ziemlich sicher, dass einige dieser Gerüchte (nichts skandalöses, einfach nur in der Art wie „Er wird der nächste Batman sein") von einigen enthusiastischen Fans, die viel zu viel Zeit haben, auf den Weg gebracht wurden.

F: Fühlst Du Dich als Schauspieler versucht, zu Deinen Wurzeln zurückzukehren und mal wieder in einem Horrorfilm mitzumachen?
BC: Zeig mir ein gutes Drehbuch und ich sage sofort ja...:)

Ted Raimi

Ted Raimi ist der jüngste von drei Brüdern, die allesamt im Filmgeschäft tätig sind. Während Sam Raimi sich in vielerlei Positionen verdient gemacht hat, ist Ivan Raimi vor allem Doktor, arbeitet nebenher aber auch an manchen Produktionen seines Bruders als Autor oder Produzent mit.

Ted wurde am 14. Dezember 1965 in Detroit, Michigan, geboren. Als jüngster Sohn der Familie – die Brüder haben auch noch eine Schwester – war er natürlich den kleinen Grausamkeiten, die Brüder füreinander parat haben, ausgesetzt.

Ein Spiel, das Ivan und Sam besonders mochten, war, ihren kleinen Bruder mit Hilfe der chinesischen Folter, bei der man Wasser auf den Kopf tröpfelt, dazu zu bringen, ein imaginäres Geheimnis preiszugeben, was dieser dann auch tat, selbst wenn er bis heute nicht weiß, welches Geheimnis dies eigentlich gewesen sein soll.

Der kleine Ted wusste sich aber damals schon zur Wehr zu setzen und revanchierte sich mit kleinen, gemeinen Attacken auf die Unterwäsche der Brüder, die er mit Sand präparierte. Eine andere Gelegenheit, an die sich Ted gerne erinnert, war ein Spiel, das seine Brüder zusammen mit Bruce Campbell und Scott Spiegel veranstalteten, bei dem er, mit einem Baseballschläger aus Hartgummi bewaffnet, hinter den immerhin fünf bis sechs Jahren älteren Jungen herjagen durfte und – so er sie erwischte – ihnen auch nach Herzenslust mit dem Knüppel eine überziehen konnte.

In der Schule hatte es Raimi nicht sehr viel leichter. Obwohl er selbst dem Irrtum erlag, cool zu sein, wurde er immer wieder zum Opfer so mancher Rabauken und musste schließlich einsehen, dass er dem, was man gemeinhin unter „cool" verstand, auch nicht annähernd gleichkam. Die Zeit auf der High School war für Ted dementsprechend alles andere als angenehm und von einer gewissen Einsamkeit geprägt, die er mit seinem Interesse für Science Fiction in Film und Literatur – William Shatner hält er für einen großen Einfluss auf seine Karriereentscheidung – zu überwinden suchte.

Nach dem Ende der High School entschloss sich Raimi, Schauspieler zu werden. Damit folgte er nicht dem vorgezeichneten Weg, der ihn in die Familienunternehmen hätte führen können, sondern versuchte, seine Träume wahr werden zu lassen. Immerhin unterstützten ihn seine Eltern, wobei immer die Möglichkeit bestanden hätte, dass er im Möbelgeschäft des Vaters oder in den Unterwäscheläden seiner Mutter hätte arbeiten können. Scherzhaft meinte Ted später, er hätte die Chance, der BH-König von Michigan zu werden, aufgegeben, um kreativere Dinge zu verfolgen.

Er zog nach New York, um dort eine Karriere als Schauspieler zu verfolgen, musste aber schnell feststellen, dass es alles andere als einfach war, auch nur kleinste Rollen zu ergattern, weswegen er schon bald darauf etwas desillusioniert nach Detroit zurückkehrte. In Detroit ging er aufs College, konnte sich mit der dort herrschenden Atmosphäre jedoch nicht anfreunden und brach es baldigst wieder ab. Stattdessen arbeitete er zusammen mit Sam an TANZ DER TEUFEL II.

Während man Ted schon im ersten Teil sehen konnte (oder vielmehr nur kurz seine Füße zu sehen waren), hatte er hier eine etwas größere Rolle, aber als Zombie-Henrietta war er unter Unmengen von Make-up versteckt, so dass ihn niemand erkennen konnte. Immerhin brachte ihm die Rolle die begehrte Mitgliedschaft in der Screen Actor's Guild ein.

Nach diesem Ausflug ins Filmgeschäft schrieb sich Ted an der Michigan State Universität ein, bereute diesen Entschluss jedoch bald, da die auf Landwirtschaft ausgerichtete Universität alles andere als das war, was sich Ted erhofft hatte. Darum verließ er auch dieses College bald und schrieb sich dafür an der Universität von New York ein. Aber auch dort fand Ted nicht die Erfüllung seiner Träume einer ernsthaften Ausbildung als Schauspieler, weswegen er kurz nach seinem Einstieg in die Universität auch schon wieder abbrach. Sein Weg führte ihn dann zur Universität von Detroit, wo er endlich das fand, was er die ganze Zeit über gesucht hatte.

An dieser Universität hatte er die Gelegenheit, innerhalb eines Jahres in neun verschiedenen Stücken mitzuspielen, wodurch er endlich mehr darüber lernte, was es hieß, ein Schauspieler zu sein und an verschiedene Rollen heranzugehen.

Nachdem Abschluss an der Universität verschlug es Ted natürlich nach Los Angeles. Zu jener Zeit hatte er dank TANZ DER TEUFEL II immerhin schon seine SAG-Karte in der Hand, wenngleich er als Schauspieler noch nicht allzu viel vorweisen konnte. Neben dem Part der Henrietta war er vor allem in kurzen Cameos in Filmen seiner Brüder und Freunde zu sehen, oder auch nicht zu sehen wie beispielsweise in DU SOLLST NICHT TÖTEN, AUSSER…, da er hier gegen Ende als Maskenmann auftaucht.

Endlich in Los Angeles angekommen, erhielt er in INTRUDER, einem Film von Scott Spiegel, eine kleine Rolle. Spiegel, ein langjähriger Freund, hatte für seinen kleinen, aber für Horrorfans durchaus feinen Slasher-Film mehrere Freunde vor der Kamera versammelt, so dass auch Ted nicht fehlen durfte. Die erste Arbeit außerhalb der Werke von Sam Raimi oder einem der gemeinsamen Freunde erhielt Ted bei Wes Cravens SHOCKER, einem mitunter missglückten Versuch, an die Erfolge von Cravens Schöpfung Freddy Krueger anzuknüpfen. Obwohl Ted auch hier keine große Rolle hatte, war er doch an mehreren Stellen des Films zu sehen.

Im Verlauf seiner Karriere war sich Ted nicht zu schade bzw. konnte es sich nicht leisten, so manche Rolle einfach nicht anzunehmen, so klein sie auch gewesen sein mag. Seine Fans haben schon eine Tugend daraus gemacht, bei Filmen nach Tedbits, also jenen kleinen Szenen, in denen man ihn erspähen kann, zu suchen, wobei man in so manchem Film vielleicht schon das Geschehen in Zeitlupe verfolgen sollte, um überhaupt einen Blick auf den Schauspieler erhaschen zu können.

Sieht man sich Teds Karriere an, so bemerkt man, dass ihm immer wieder von seinem Bruder unter die Arme gegriffen wurde, indem ihm dieser kleine Rollen bei seinen Filmen gab. Keine davon mag zwar dazu angetan gewesen sein, Ted zu echtem Starruhm zu verhelfen, aber sie sorgten immerhin für einen Gehaltsscheck und einem Auftritt in einem großen Kinofilm.

Im Lauf seiner Karriere hat Ted nur in wenigen Filmen die Hauptrolle übernommen. LUNATICS – DUELL DER ALBTRÄUME ist dabei sicherlich der interessanteste. In diesem von Josh Becker – ebenfalls ein Freund der Raimis – geschriebenen und inszenierten Film durfte Ted als durchgeknallter Einzelgänger, der aufgrund exzessiver Paranoia die Wohnung nicht mehr verlässt, alle Register seines Könnens ziehen. Für Fans des Schauspielers ist dieser kleine, sehr ungewöhnliche Film, ein wahres Fest.

Interessant ist auch der Horrorfilm SKINNER. In diesem Film spielt Ted den an sich ganz sympathischen Dennis Skinner, der seinem Namen jedoch alle Ehre macht und nachts auszieht, um Frauen zu meucheln und sich mit ihrer Haut zu kleiden. Aufgrund einiger expliziter Szenen, für die die Profis von KNB FX verantwortlich zeichnen, ist dieser Film sicherlich nicht gerade das Richtige für jedermann. Wer sich jedoch von so mancher harten Szene nicht abschrecken lässt, hat die Gelegenheit, eine der interessantesten Darstellungen von Ted Raimi zu erleben.

Raimi brilliert gleichwohl als sympathischer wie tragischer und letztlich auch abstoßender Mensch. Der ganze Film ist nicht unbedingt sonderlich gut – dazu bedient er sich zu üppig an Vorlagen wie DAS SCHWEIGEN DER LÄMMER –, aber für Horrorfreunde und Fans von Ted Raimi ist er ganz passable Unterhaltung.

Einem größeren Publikum wurde er 1993 mit der Serie SEAQUEST DSV bekannt. In dieser mit vielen Vorschusslorbeeren bedachten Science Fiction-Serie spielte er den Kommunikationsoffizier Tim O'Neill, den er selbst selbstironisch als Lt. Uhura der seaQuest bezeichnet hat. Diese von Steven Spielbergs Firma Amblin produzierte Serie um die Abenteuer eines hochmodernen U-Boots wurde vom Start weg als einer der ganz großen Serien-Hits der 90er Jahre gehandelt. Umso mehr galt dies, da mit Roy Scheider ein anerkannter Schauspieler, für die Hauptrolle verpflichtet werden konnte, aber wie sich schnell zeigte, hatte die Serie trotz allen Potentials ein Problem: Sie konnte ihr Publikum nicht finden.

Zum Teil mochte dies daran liegen, dass man SF-Fans vor den Kopf stieß, indem man erklärte, bei dieser Serie handele es sich nicht um Science Fiction, während die Freunde „normaler" Fernsehkost gerade deswegen nicht einschalteten, weil es Science Fiction war.

Die seaQuest befand sich zumindest von den ersten Episoden an auf schlingerndem Kurs, der dazu führte, dass man in der zweiten Season nachbesserte und das Konzept deutlich aufweichte. Das Ergebnis war hanebüchene Science Fiction, wie sie keiner mag. Als auch das nicht fruchtete, versuchte man sich im ohnehin schon kürzeren dritten Jahr mit neuem Captain und neuem Kurs, aber der Karren oder vielmehr das U-Boot war bereits in den Dreck gefahren. Das Ende der Reise stand an.

Für Ted Raimi dürfte dies nicht allzu tragisch gewesen sein. Davon abgesehen, dass er nun keinen regelmäßigen Gehaltsscheck erhielt, verlor er durch die Einstellung der Serie nicht sehr viel. Als Tim O'Neill stand er so gut wie immer im Hintergrund, durfte die schlechten Botschaften, die er als Kommunikationsoffizier natürlich als erster erhielt, weiterleiten und ansonsten seine Marotten pflegen.

Tim O'Neill war ein Kauz, ein Freak, also genau eine Rolle, auf die Ted Raimi schon immer festgelegt war. Dabei war dem Schauspieler auch bewusst, dass er weiterhin auf seine Chance warten musste, von einem Regisseur einmal in einer anderen Rolle eingesetzt zu werden, um so dem brandgefährlichen Typecasting zu entgehen.

Immerhin bot ihm die Serie wenigstens einmal die Gelegenheit, als Autor aktiv zu werden, da er zusammen mit David J. Burke die Episode „Auf der Suche nach Atlantis" schrieb. Das Schreiben gehört ohnehin zu einem von Teds Hobbys, wobei er ein besonderes Faible dafür hat, die Geschichten von Horrorfilmen zu entwickeln, selbst wenn daraus noch nicht besonders viel geworden ist.

Nach dem Ende der seaQuest bewarb sich Ted für eine Rolle in einer Sitcom, von der er selbst nur meinte, die Idee wirke einfach nur noch lächerlich, so dass man über das Scheitern dieses Projekts wohl froh sein muss. Das Glück sollte ihm jedoch hold sein. Als er zufällig auf

Robert Tapert traf, den er schon ein paar Jahre nicht mehr gesehen hatte, bot ihm dieser eine Rolle an, die ihn für eine Woche nach Neuseeland führen würde. Ursprünglich hatte man für den Part des Joxer Wallace Shawn im Auge, aber da Ted nun einmal da war, konnte man es auch mit ihm probieren. Damit hatte er wieder einmal von seinen Verbindungen profitiert, auch wenn ihm diesmal nicht sein Bruder, sondern ein Freund eine Rolle beschaffte.

Joxer war als einmaliger Auftritt vorgesehen, aber die Chemie zwischen Raimi und den Stars der Serie, Lucy Lawless und Renee O'Connor, stimmte, so dass man sich zügig darüber Gedanken machte, wie man den jämmerlichen Krieger weiter einsetzen könnte. Obwohl Joxer bei den Fans anfänglich nicht unbedingt beliebt war, da er letztlich nur als komischer Sidekick für den Humor in der Serie sorgen sollte, eroberte Ted die Herzen der Fans im Verlauf seiner weiteren Abenteuer wie im Flug.

Was Joxers Hymne betrifft, so hat Ted die Urfassung des Liedes übrigens selbst geschrieben. Mit jedem weiteren Auftritt von Joxer, erkämpfte sich der Charakter mehr und mehr einen Platz in der Serie und als Lucy Lawless wegen ihrer Schwangerschaft etwas kürzer treten musste, stand Joxer bereit, um etwas mehr im Vordergrund zu agieren. Mit der Interpretation von Joxer hat Ted Raimi auch die Gelegenheit, sein beträchtliches komisches Potential zur vollen Geltung zu bringen, wobei ihm Drehbuch und Regie auch manchmal die Gelegenheit verschaffen, hemmungslos zu improvisieren. Mit der Darstellung von Jett, Joxers bösem Zwillingsbruder, durfte Ted dann auch einmal weit ernsthafter innerhalb der Serie agieren.

Wie die meisten Schauspieler hat auch Ted Raimi im Verlauf seiner Karriere so manchen Gastauftritt in verschiedenen Serien unternommen. Neben einer Folge von AMERICAN GOTHIC, in der er eine Hauptrolle spielte, dürfte vor allem die Episode „Harte Schule" aus der Serie BAYWATCH bekannter sein, da er hier sogar ein Date mit Pamela Andersons Figur C.J. absolvieren konnte.

Davon abgesehen, war er in Miniparts in ALF und DAS GEHEIMNIS VON TWIN PEAKS zu sehen. In der leider äußerst kurzlebigen Science Fiction-Serie ALIEN NATION durfte er einen Newcomer, einen jener glatzköpfigen Außerirdischen, spielen.

Betrachtet man sich seine Karriere im Rückblick, so fällt auf, dass Ted Raimi trotz aller Rückschläge in einer Vielzahl unterschiedlicher Filme mitgewirkt hat, auch wenn er oftmals nur kleine Nebenrollen spielte. So etwa in den Tom-Clancy-Thrillern DIE STUNDE DER PATRIOTEN und DAS KARTELL, in denen er als Techniker des CIAs zu sehen war. Über die Möglichkeit, mit Größen wie Harrison Ford zu arbeiten, ließ sich Raimi später ausgiebig aus und erklärte, was für eine großartige Gelegenheit diese Engagements waren, um von erstklassigen Schauspielern zu lernen.

Joxer war sein bislang größter Erfolg. In den letzten Jahren war Ted vor allem in den Filmen seines Bruders zu sehen, so auch in der gesamten SPIDER-MAN-Trilogie. Davon abseits wirkte er vor allem in kleinen, wenig bemerkenswerten Filmen mit.

Privat lebt Ted Raimi in Los Angeles, aber er kehrt so oft, wie es ihm nur möglich ist, nach Detroit zurück, wo er es genießt, mit alten Freunden etwas zu unternehmen.

Filmographie:

Schauspieler:

1982   The Evil Dead (Tanz der Teufel)
1983   Blood Rage
1985   Thou shalt not kill...Except (Du sollst nicht töten, außer...)
1985   Crimewave (Die Killer-Akademie)
1987   The Evil Dead II (Tanz der Teufel II)
1988   Intruder (Bloodnight)
1989   Shocker (Shocker)
1989   Easy Wheels a.k.a. Women on Wheels (Girls Gang)
1990   Darkman (Darkman)
1990   Postcards from the Edge (Grüsse aus Hollywood)
1991   Lunatics: A Love Story (Lunatics – Duell der Albträume)
1992   Maniac Cop III: Badge of Silence (Maniac Cop III)
1992   Fountain Clowns
1992   The Finishing Touch (L.A. Ripper)
1992   Patriot Games (Die Stunde der Patrioten)
1992   Candyman (Candymans Fluch)
1993   seaQuest DSV (TV-Serie)
1993   Eddie Presley
1993   Born Yesterday (Born Yesterday)
1993   Army of Darkness (Die Armee der Finsternis)
1993   Hard Target (Harte Ziele)
1994   In this Corner
1994   Floundering (Haltlos)
1994   A Clear and Present Danger (Dar Kartell)
1995   Skinner
1995   Stuart saves his Family (Eine Familie zum Kotzen)
1996   The Shot

1996   Apollo 11 (TV-Film)

1996   – Xena: Warrior Princess (Xena – Die Kriegerprinzessin, 42 Folgen)

1997   Pathos

1997   Wishmaster (Wishmaster)

1998   Hercules and Xena – The Animated Movie: The Battle for Mount Olympus (Hercules und Xena: Der Kampf um den Olymp)

1999   Iggy Vile M.D.

1999   Freak talks about Sex

1999   For the Love of the Game (Aus Liebe zum Spiel)

2000   The Attic Expeditions (Horror in the Attic)

2002 – Spider-Man (Spider-Man)

2003 – Pledge of Allegiance (Piece of the Action)

2003 – Between the Sheets (Traumpaar wider Willen)

2004 – Tales from the Crapper

2004 – Spider-Man 2 (Spider-Man 2)

2004 – The Grudge (The Grudge – Der Fluch)

2004 – Illusion

2005 – Man with the Screaming Brain (Man with the Screaming Brain)

2005 – Freezerburn

2006 – Nice Guys

2006 – Kalamazoo?

2007 – Reign over me (Die Liebe in mir)

2007 – My Name is Bruce (My Name is Bruce)

2007 – Spider-Man 3 (Spider-Man 3)

2007 – Millennium Crisis

2007 – Planet Raptor

2007 – Code Monkeys (TV-Serie)

2008 – Diamonds and Guns

2008 – The Midnight Meat Train (The Midnight Meat Train)

2008 – The Assassin Project

2008 – 30 Days of Night: Dust to Dust (Web-Serie)

2009 – Drag me to Hell (Drag me to Hell)
2009 – Angel of Death (Angel of Death)
2012 – Attack of the 50ft Cheerleader
2013 – Oz the Great and Powerful (Die fantastische Welt von Oz)

Die Armee der Finsternis in den Comics

In Deutschland ist davon kaum etwas zu sehen gewesen, abgesehen von der Filmadaption von ARMEE DER FINSTERNIS und einem Crossover, das Ash auf die Marvel Zombies treffen ließ, aber in den USA erlebt S-Mart-Verkäufer Ashley Williams seit fast zehn Jahren weitere Abenteuer. Der amerikanische Verlag Dynamite hat sich die Rechte an Comics zu ARMEE DER FINSTERNIS gesichert und veröffentlicht seit 2004 in schöner Regelmäßigkeit neue Titel. Dabei begann man zuerst mit Miniserien, bevor man aufgrund der guten Verkäufe die Entscheidung traf, eine fortlaufende Serie zu lancieren, die von verschiedenen Miniserien und Specials flankiert wurde.

Mittlerweile ist die Veröffentlichungshistorie etwas unübersichtlich, gab es in weniger als zehn Jahren doch immerhin drei fortlaufende Serien, aber auch Miniserien, die direkt in die Hauptserie hineinspielten. Besonders schön ist jedoch, dass auch Geschichten geboten sind, die man in filmischer Form niemals zu sehen bekommen würde: Treffen von Ash mit anderen popkulturellen Ikonen.

Das Highlight stellt hierbei die erste Miniserie „Freddy vs. Jason vs. Ash" dar, die auf einem unbenutzten Drehbuch basiert und so zumindest in visueller Form zeigt, wie ein entsprechender Film hätte aussehen können. Höchst amüsant sind auch die Treffen mit Figuren aus anderen Sam-Raimi-Produktionen, so dem Darkman und Xena.

DIE ERSTEN MINISERIEN

Film-Adaption Army of Darkness 1-3

1992 veröffentlichte Dark Horse eine dreiteilige Adaption von Sam Raimis Film, die von John Bolton geschrieben und gezeichnet wurde. Eine Neuauflage dieser Geschichte gab es 2006 von Dynamite in Form eines Tradepaperbacks. Die deutsche Version dieser Miniserie erschien 1998 beim Verlag Kult Editionen.

Ashes 2 Ashes 1-4

Von Juli bis Oktober 2004 erschien diese Miniserie, mit der Dynamite antestete, ob überhaupt ein Publikum für neue Abenteuer von Ash bestand. Die Geschichte setzt direkt an den dritten Film an. Der Zauberer sucht Ash in seiner Zeit auf und erklärt ihm, dass er nicht in der richtigen Zeit angekommen ist. Er ist nur Momente, bevor er in THE EVIL DEAD zur Hütte im Wald aufbricht, angekommen. Ash versucht, das Necronomicon zu vernichten, um so zu verhindern, dass er überhaupt in diese ganze Geschichte hineingezogen wird. Es verschlägt ihn jedoch nach Ägypten, wo der Zauberer getötet und Evil Ash wiederlebt wird. Zusammen mit den Rittern aus dem dritten Film stellt Ash sich seinem bösen Gegenstück und dessen Armee. Evil Ash wird vernichtet, jeder kehrt in seine Zeitlinie zurück, aber Ash hat vergessen, das Necronomicon zu zerstören.

Shop till you Drop Dead 1-4

Die zweite Miniserie erschien von Januar bis Juli 2005. Ash kehrt aus Ägypten zurück und glaubt, dass das

Necronomicon vernichtet wurde, aber das Buch taucht im S-Mart auf – in den Händen von Mister Smart persönlich. Deadites tauchen auf, weswegen Ash mit seinen Kollegen gegen die Dämonen kämpfen muss – und das für Mindestlohn.

DIE ERSTE SERIE

Army of Darkness vs. Re-Animator 1-4

Dies ist der Beginn der ersten fortlaufenden Serie, erschien anfangs aber nur wie eine weitere Miniserie. Die Hefte wurden von September 2005 bis Februar 2006 veröffentlicht. Hier trifft Ash auf H.P. Lovecrafts Herbert West, Re-Animator. Die Darstellung von Herbert West orientiert sich an Stuart Gordons Film, allerdings hatte Dynamite nicht die Rechte daran, diese Version zu nutzen. Der Re-Animator sollte eine eigene Serie bekommen, es blieb jedoch bei einer einzigen Ausgabe. Ash wird ins Arkham Asylum eingewiesen, wo er auf Herbert West trifft. Der Re-Animator und Deadites – das beißt sich!

Army of Darkness 5-7: Old School

Fortsetzung der erstenfortlaufenden Serie. Die Hefte erschienen von Mai bis Juni 2006. Ash kehrt hier in die Hütte im Wald zurück und versucht, das Böse an der Wurzel auszurotten.

Army of Darkness 8-11: Ash vs. Dracula

Fortsetzung der ersten fortlaufenden Serie. Die Hefte erschienen von Juli bis September 2006. Bei der Tradepaperback-Veröffentlichung trug die Geschichte den Namen „Ash vs. The Classic Monsters". Ash muss sich hier Dracula entgegenstellen, der die Macht des Necronomicons nutzen will, um die Welt in ewige Dunkelheit zu hüllen. Das Frankenstein-Monster mischt hier auch mit.

Army of Darkness 12 + 13: The Death of Ash

Fortsetzung und Abschluss der ersten fortlaufenden Serie. Die Hefte erschienen von November 2006 bis Januar 2007. Ash legt sich hier mit einem Fast-Food-Kult an, der in ihm den Auserwählten sieht. Am Ende des 13. Hefts stirbt Ash nicht. Er wird in das Marvel-Universum verschlagen. Oder besser: Eines der vielen Marvel-Universen. Jenes, in dem die Helden zu Zombies wurden …

MINISERIE

Marvel Zombies vs. The Army of Darkness 1-5

Die Miniserie erschien von Mai bis September 2007. Hier verschlägt es Ash auf Erde-818793, jener Parallelwelt, in der die Marvel-Helden zu Zombies wurden. Als er hier ankommt, sind die Helden noch normal – größtenteils. Aber schon bald verbreitet sich der Zombie-Virus. Die deutsche Ausgabe erschien bei Panini als „Marvel Max 21".

DIE ZWEITE SERIE

Army of Darkness 1-4: From the Ashes

Beginn der zweiten fortlaufenden Serie. Die Hefte erschienen von August bis November 2007. Ash kämpft hier erneut gegen Evil Ash und seine Mutanten und Monster, diesmal jedoch in einer postapokalyptischen Welt.

Army of Darkness 5-8: The Long Road Home

Fortsetzung der zweiten fortlaufenden Serie. Die Hefte erschienen von Januar bis April 2008. Ash hat Evil Ash besiegt. Nun versucht er zusammen mit Sheila den Schaden, den die Welt bei diesem Kampf genommen hat, wieder zu beheben.

Army of Darkness 9-12: Home Sweet Hell

Fortsetzung der zweiten fortlaufenden Serie. Die Hefte erschienen von Juni bis September 2008. Ash hat sein Gedächtnis verloren – und damit auch seinen Status als der Auserwählte. Mit Deadites muss er sich trotzdem herumschlagen.

Army of Darkness 13: King for a Day

Fortsetzung der zweiten fortlaufenden Serie. Das Heft erschien im Januar 2009. Könnte Ash, der ewige Unglücksrabe, tatsächlich mal Glück haben? Als König für einen Tag?

Army of Darkness 14-17: Hellbillies and Deadnecks

Fortsetzung der zweiten fortlaufenden Serie. Die Hefte erschienen von Oktober 2008 bis März 2009. Ash hat endlich seine Pflicht anerkannt. Er ist der Beschützer der Welt vor den Mächten des Bösen. Aber immer dann, wenn man glaubt, dass endlich mal alles glatt läuft, kommt es ganz anders …

Army of Darkness 18: Montezuma's Revenge

Fortsetzung der zweiten fortlaufenden Serie. Das Heft erschien im April 2009. Das Necronomicon transportiert Ash nach Mexiko, wo er einen alten, gerade erwachten Gott stoppen muss.

Army of Darkness 19

Fortsetzung der zweiten fortlaufenden Serie. Das Heft erschien im April 2009. Die Geschichte hat keinen eigenen Titel. Ash verliebt sich in Georgia, muss jedoch herausfinden, dass sie ein mörderischer Sukkubus ist.

Army of Darkness 20 + 21: Ashley J. Williams Goes to Europa

Fortsetzung der zweiten fortlaufenden Serie. Die Hefte erschienen im April 2009. In Europa trifft Ashl einen Werwolfs namens Brad, der wie er ein Auserwählter ist und die Welt vor dem Bösen schützt. Es gibt viele Beschützer, die verschiedene Teile des Erdballs zu protektieren haben. Dumm nur, dass viele der Beschützer dem Hell's Prophet zum Opfer gefallen sind. Das einzige, was jetzt noch helfen kann, ist die League of Light.

Army of Darkness 22-27: Ash and the League of Light

Fortsetzung und Abschluss der zweiten fortlaufenden Serie. Die Hefte erschienen von Mai 2009 bis April 2010. Ash bereist die Kontinente, um andere Beschützer zu rekrutieren und sich so dem Hell's Prophet stellen zu können, der schon Besitz von ihm ergriffen hat. Die Prophezeiung sagt, dass die Beschützer Ash töten müssen. Nach seinem Tod wird die League of Light vom Hell's Prophet vernichtet. Wenige Überlebende bauen eine Zeitmaschine, mit der in der Vergangenheit verhindert werden soll, dass Ash besessen wird.

DIE DRITTE SERIE

Die dritte fortlaufende Serie erscheint immer noch. Sie ging im Januar 2012 an den Start. Bislang sind 13 Ausgaben erschienen. In dieser neuen Serie versucht das Necronomicon seinen Einfluss auf den Kosmos auszubreiten, während Ash eine neue Verbündete hat. Eine Frau namens ... Ash.

WEITERE MINISERIEN UND SPECIALS

Tales of Army of Darkness

Ein 48-seitiges Annual mit fünf Kurzgeschichten. Es erschien im März 2006 und damit zwischen „Army of Darkness vs. Re-Animator 4" und „Army of Darkness: Old School 1".

Army of Darkness: Ash's Christmas Horror

Ein Special, das im Februar 2009 erschien. Ash versucht. Evil Ash und einen Deadite-Weihnachtsmann davon abzuhalten, Weihnachten zu zerstören.

Army of Darkness: Ash Saves Obama 1-4

Die Miniserie erschien von August bis November 2009. Der Titel gibt vor, was passiert. Ash muss Präsident Obama vor Deadites retten. Zum damaligen Zeitpunkt wurde Obama von einigen Verlagen in ihre Comics eingebaut.

Darkman vs. Army of Darkness 1-4

Die Miniserie wurde von August 2006 bis März 2007 veröffentlicht. Ash trifft hier auf einen anderen von Sam Raimi kreierten Helden: den Darkman. Es ist weniger ein Gegen- als vielmehr ein Miteinander. Nach einem kurzen ersten Kampf müssen Ash und Darkman müssen gemeinsam gegen Deadites kämpfen.

Freddy vs. Jason vs. Ash 1-6

Die von Wildstorm Comics und Dynamite zusammen veröffentlichte Miniserie erschien von Januar bis Mai 2008. Sie basiert auf einem unbenutzten Skript für ein mögliches Film-Sequel zu FREDDY VS. JASON. Freddy will hier das Necronomicon in seine Macht bringen, braucht jedoch die Hilfe von Jason. Dumm nur, dass am Crystal Lake gerade ein neuer S-Mart eröffnet hat – und Ash ist vor Ort.

Freddy vs. Jason vs. Ash: The Nightmare Warriors 1-6

Die Miniserie erschien von August 2009 bis Januar 2010. Sechs Monate nach den Ereignissen der ersten Miniserie befreit eine machthungrige Regierungsgruppe die im Necronomicon gefangenen Geister, darunter auch Freddy Krueger. Wieder einmal ist Ash gefragt, Monstern den Garaus zu machen.

Army of Darkness/Xena: Why Not? 1-4

Die Miniserie erschien von Mai bis Juni 2008. Ash verschlägt es in Xenas Welt, wo er helfen muss, damit eine Mini-Version von ihm nicht die Welt vernichtet.

Xena/Army of Darkness: What, Again? 1-4

Die Miniserie erschien von Oktober 2008 bis Januar 2009. Nach den Ereignissen der ersten Miniserie müssen Ash und Xena erneut zusammenarbeiten. Mit dabei sind auch Gabrielle und Autolycus, der König der Diebe. Erstaunlich, wie gut Ash und Autolycus zusammen arbeiten …

Danger Girl and the Army of Darkness 1-6

Die Miniserie erschien von April 2011 bis August 2012. Die Agentinnen von Danger Girl wollen verhindern, dass das Necronomicon in die Hände des bösen Hammer Empires fällt, wo man versucht, eine Deadite-Armee heraufzubeschwören. Den Danger Girls zu Hilfe kommt Ash, der Erfahrungen mit dem Buch hat …

Army of Darkness vs Hack/Slash 1-6

Ash muss sich mit der Serienkillerkillerin Cassie Hack verbünden, um gegen die Armee der Finsternis zu kämpfen. Es gibt auch Variant-Cover mit niedlichen Kids-Covern, das heißt, Ash und Cassie sind wie Kleinkinder gezeichnet.

The Evil Dead 1-4

Der Verlag Dark Horse veröffentlichte diese Miniserie von Januar bis April 2008. Es handelt sich um eine Adaption des ersten Films, geschrieben von Mark Verheiden und gezeichnet von John Bolton.

Die Raimi-Connection

Sam Raimi war schon immer mehr als nur ein Regisseur. Film ist für ihn Leidenschaft und so ist es nur zu verständlich, dass er diese Leidenschaft in Form von kleinen Auftritten als Schauspieler, als Autor oder auch Produzent voll auslebt. Im Verlauf seiner Karriere hat Raimi immer wieder auch Freunden und Kollegen unter die Arme gegriffen, wobei seine Beteiligung sowohl kleinerer wie auch größerer Natur war. Was zählte, war, dass er sich überhaupt an diesen Produktionen beteiligte und Freunden half, ihre Filme unter Dach und Fach zu bringen. Über die Jahre hat Raimi in verschiedenen Funktionen an vielen Filmen mitgearbeitet, aber nur eine Handvoll entspricht wohl dem, was man am ehesten noch die Raimi Connection bezeichnen kann.

Der erste Film dieser Connection ist THE DEAD NEXT DOOR, ein wilder Horrorfilm, der offensichtlich von George R. Romeros Zombie-Trilogie beeinflusst wurde, aber versucht, eigene Wege zu gehen. Erzählt wird von einer Welt, in der die Zombies längst überhand genommen haben. Anhand des kleinen Orts Akron erlebt man mit, wie der Kampf der Menschen gegen die Übermacht der Untoten abläuft. Spezielle Zombie Squads wurden geschaffen, die den Zombies den Garaus machen sollen. Ihre Arbeit wird jedoch erschwert, da jeder, der auch nur im Geringsten von einem Zombie verletzt wird, selbst zu einem solchen Wesen wird.

Der Regisseur des Films ist J.R. Bookwalter, dem es im Verlauf des Jahres 1985 gelang, Raimi für das Projekt zu interessieren. Der Regienovize führte Raimi einige seiner Kurzfilme vor und zeigte ihm auch die erste Fassung des Drehbuchs. Das alles beeindruckte Raimi so sehr, dass er sich bereit erklärte, bei der Finanzierung des

Films, der mit gerade einmal 75.000 Dollar Budget natürlich recht kostengünstig produziert wurde, zu helfen.

Einzige Bedingung für seine Hilfe war jedoch, dass sein Name nicht in den Stabsangaben auftauchen sollte und man damit nicht für den Film werben dürfe. Zu diesem Zweck legte sich Raimi ein Pseudonym zu, das geradezu nach Aufdeckung schrie: The Master Cylinder, ein Name, den er sich aus der damals gerade populären TRANSFORMERS-Zeichentrickserie entliehen hatte.

Den Grund, warum er nicht mit dem Film in Zusammenhang gebracht werden wollte, erklärte Raimi nie, aber seine Kollegen haben ihre eigenen Meinungen dazu, warum dies so war. Jolie Jackunas, der Produzent von THE DEAD NEXT DOOR glaubt, dass Raimi seinen Namen zurückhielt, da er zu jener Zeit auch gerade nach einem Finanzier für TANZ DER TEUFEL II suchte, und er bei Bookwalters Film ohnehin kaum etwas machte, außer mit dem nötigen Geld und dem einen oder anderen Ratschlag aufzuwarten.

Scott Spiegel, ein langjähriger Freund von Raimi, der eine kleine Rolle in THE DEAD NEXT DOOR übernahm, meinte, dass Raimi mit dem Zurückhalten seines Namens auch verhindern wollte, dass jeder von SAM RAIMI'S THE DEAD NEXT DOOR gesprochen hätte, obwohl es voll und ganz der Film eines anderen war. Die Wahl des Pseudonyms fand Spiegel jedoch äußerst merkwürdig, da es vor allem Neugierde weckte. Bookwalter fasste das alles dann so zusammen:

Sam war von Anfang an involviert. Es war seine Empfehlung, dass ich einen eigenen Film mache. Und er war gewillt, Butter bei die Fische zu geben und seine Unterstützung auch finanziell zu zeigen. Am Anfang kamen wir hervorragend miteinander aus. Ich hatte sehr großen Respekt vor ihm, da ich TANZ DER TEUFEL vergötterte. Aber auch er respektierte mich als debütierenden Filmemacher. Er sagte mir nie, was ich zu tun oder zu lassen hätte, gab mir Ratschläge, aber ließ mich meine eigenen Fehler machen. Und davon gab es eine ganze Menge. (lacht).

Mit immer mehr verstreichender Zeit hat Sam, denke ich, seine Involvierung in das Projekt bedauert. Während der vierjährigen Produktionszeit hatte er schlechte Erfahrungen bei der Produktion von CRIMEWAVE gemacht, TANZ DER TEUFEL 2 zu Ende gebracht und einen Deal mit Universal geschlossen, aus dem schließlich DARKMAN entstehen sollte. Er bewegte sich wirklich in eine gänzlich andere kreative Richtung, als es unser kleiner 8mm-Zombiefilm tat. Und mit der Zeit wurde es frustrierend, immer so lange zu warten, bis er sein Approval in Bezug auf gewisse Dinge gab. Es hätte möglicherweise noch länger gedauert, den Film zu Ende zu bringen, aber im Frühjahr 1989 war ich ein paar Wochen in Los Angeles. Hauptsächlich des Spaßes wegen, aber ich rief Sam schließlich an und wenig später erledigten wir die Nachbearbeitung des Tons, womit der Film endlich fertig vorlag.

Trotz der Verzögerungen und gelegentlichen Konflikte zwischen uns (die hauptsächlich seinen Credit im Film oder dem Fehlen desselbigen betrafen) bin ich Sam auf ewig dankbar für das, was er für mich und den Film getan hat. Ich habe in diesem Business sonst noch niemanden getroffen, der so großzügig und selbstlos ist wie er!

J.R. Bookwalter schließlich erklärte, dass Raimi von Anfang an auf das Pseudonym bestand, da er nach Finanziers für TANZ DER TEUFEL II suchte und nicht wollte, dass mögliche Investoren die berechtigte Frage stellten, warum er versucht, das Geld für diesen Film zusammenzubekommen, wenn bereits ein anderer in Arbeit ist. Nachdem die Finanzierung von TANZ DER TEUFEL II gesichert war, schien es Raimi einfach lieber zu sein, auch weiterhin anonym zu bleiben. Zum einen ließ er Bookwalter so seinen eigenen Film machen, zum anderen konnte er nach der Veröffentlichung des Films immer noch sagen, was zu sagen war.

Dass Raimi seinen Namen letztlich nicht mit THE DEAD NEXT DOOR in Verbindung brachte und auch später nicht darüber sprach, mag damit zu tun haben, dass das Ergebnis letztlich enttäuschend war. THE DEAD NEXT DOOR ist ein Gorefilm, der eine Menge sehr gut getrickster Effekte bietet, aber ansonsten lausig zusammengestellt ist. Vielen der Darsteller merkt man an, dass sie nichts anderes als Laien sind, während Bookwalter auch bewies, dass er mit seinen Kurzfilmen besser bedient war. Filmische Fehler wie fehlende Gegenschnitte oder Anschlussfehler machen THE DEAD NEXT DOOR zu echtem Trash, den man – so man nichts anderes erwartet – durchaus genießen kann.

Die Verbindung mit Raimis Namen wäre jedoch wenig vorteilhaft gewesen, da diese etwas suggeriert hätte, das niemals geboten wurde. Was das nötige Talent angeht, so liegen zwischen Bookwalter und Raimi Welten. Ein Grund, warum Raimis Name im Film nicht mehr erschien, mag darüber hinaus gewesen sein, dass er insgeheim immer vermutete, dass Bookwalter seine Beteiligung bekanntgemacht hatte, um so ein höheres Interesse an dem Film zu erzeugen. Und damit mag er durchaus recht gehabt haben.

Ein ganz anderer Film, der für Fans von Raimi und Konsorten Pflichtprogramm ist, ist DU SOLLST NICHT TÖTEN, AUSSER.... Darin geht es um vier Vietnamveteranen, die Zuhause gegen einen mörderischen Kult und dessen Guru, dargestellt von Sam

Raimi, kämpfen müssen. Die Handlung dieses Films bietet nicht viel, aber der Spaß, den alle Beteiligten hatten, erkennt man auch noch als Zuschauer.

Gedreht wurde dieser 250.000 Dollar billige Film im Sommer 1985 in Michigan. Neben Raimi waren auch alle seine Freunde aus der Schulzeit an der Produktion beteiligt. Die Geschichte geht auf eine Idee von Bruce Campbell zurück, während das Drehbuch von Josh Becker und Scott Spiegel geschrieben wurde. Becker gab mit DU SOLLST NICHT TÖTEN, AUSSER... auch sein Regiedebüt bei „echten" Filmen. Hinzu kommen noch versteckte Auftritte von Bruce Campbell und Ted Raimi und die musikalische Untermalung von Joseph LoDuca.

Der Film selbst lebt jedoch vor allem von Raimi, der hier in seiner bislang einzigen größeren Rolle als Schauspieler zu sehen ist. Seine Darstellung des Kultführers ist herrlich übertrieben und schon beinahe parodistisch. Er haucht dem Film Leben ein, wobei Raimis Chargieren das Publikum sogar auf seine Seite zieht.

DU SOLLST NICHT TÖTEN, AUSSER... wurde kein großer Erfolg. Es dauerte schon einige Jahre, bis jemand gefunden war, der den Film überhaupt vertreiben wollte. Hinzu kommt, dass es kein wirklich guter Film ist, obwohl der Humor teilweise sogar an TANZ DER TEUFEL erinnert. Nichtsdestotrotz ist dieser Film jedoch aufgrund der Tatsache, dass neben Raimi auch seine langjährigen Freunde in wichtigen Positionen an dem Film gearbeitet haben, zumindest für alle Fans des Regisseurs ein echtes Muss.

Raimi war auch am Regiedebüt von Scott Spiegel beteiligt. Bei INTRUDER ist er jedoch nur in einer recht kleinen Rolle zu sehen, aber dafür gibt es auch Auftritte von Ted Raimi und Bruce Campbell. INTRUDER ist ein

Vertreter des populären Slasher-Genres, der Ende der 80er Jahre schon etwas zu spät für diesen Trend kam.

In INTRUDER ist der Schauplatz ein Supermarkt, der geschlossen werden soll, weswegen alle Angestellten eine Nachtschicht einlegen, um den Laden dichtzumachen. Aber keiner von ihnen hat damit gerechnet, dass sich unter ihnen ein Killer befindet, der einen nach dem anderen auf äußerst plastische Art tötet.

Spiegel schrieb zu INTRUDER auch das Drehbuch und schuf damit einen Film, der sich wohltuend von den übrigen Vertretern seiner Zunft abhebt. Zwar wartet auch dieser Film mit der üblichen Geschichte auf, aber Spiegel versteht es, Anspielungen auf andere Filme unterzubringen und wartet mit einem Effektspektakel auf, das seinesgleichen sucht. Selten zuvor wurden die armen Opfer eines wahnsinnigen Killers derart blutig ermordet wie hier.

Bei der Veröffentlichung in Deutschland blieb vom blutigen Handwerk des Killers nicht mehr viel übrig und auch in den USA musste INTRUDER Federn lassen. Aufgrund der extremen Härte hätte der Film vermutlich ein von den Verleihern gefürchtetes X-Rating erhalten, weswegen man einige der Szenen herausschnitt, so dass sogar in Großbritannien eine deutlich längere Fassung zirkuliert. In dieser Fassung gibt es auch die berüchtigte Szene, in der ein Kopf von einer Säge in zwei Hälften zerschnitten wird, in praktisch letzter Konsequenz zu sehen. Mittlerweile gibt es den Film uncut, auch in Deutschland, wobei einstmals auch in den USA entfernte FX-Szenen im Bonusmaterial, aber auch im Workprint zu sehen sind.

Spiegel schuf mit seinem Film, der mit einem bescheidenen Budget von gerade einmal 130.000 Dollar entstand, einen sehr guten Vertreter seiner Zunft.

Der letzte Film der Raimi Connection ist die abgedrehte Komödie LUNATICS – DUELL DER ALBTRÄUME, der von Josh Becker geschrieben und inszeniert wurde. Darin geht es um den zurückgezogen lebenden Hank, der seit mehr als einem Jahr sein Apartment nicht mehr verlassen hat. Hank wird von Albträumen und Ängsten geplagt, die ihn in seiner Wohnung gefangenhalten, aber als eines Tages Nancy bei ihm auftaucht, die auf der Flucht vor einer Straßengang ist und sich bei ihm verstecken muss, ist Hank gezwungen, sein Leben endlich wieder in die eigene Hand zu nehmen.

Becker griff bei der Hauptrolle auf Ted Raimi zurück, der damit das erste Mal einen ganzen Film alleine tragen musste. Die Renaissance Pictures-Produktion wartet zusätzlich mit Bruce Campbell auf, der einen mörderischen Arzt spielt und auch als Produzent des Films fungierte.

Die Stärke dieses kleinen, höchst merkwürdigen Films ist, dass er abseits des Wahrscheinlichen und des Möglichen eintaucht und sich als surrealer Trip darbietet, den man gesehen haben muss.

LUNATICS – DUELL DER ALBTRÄUME ist sicherlich kein Film, der ein großes Publikum anspricht, aber er ist ein verschrobenes Werk, das mit Ted Raimi und Bruce Campbell über zwei sehr gute Schauspieler verfügt und Leute mit dem etwas anderen Geschmack sicherlich bestens unterhalten wird.

Becker, von dem Campbell einmal sagte, dass er sich am liebsten mit schweren Dramen beschäftigt, diese aber immer mit seinem eigenen Dreh versieht, hat auch LUNATICS zu einem aufregenden Erlebnis gemacht. Nette Regieeinfälle wechseln sich mit albtraumhaften Sequenzen und purem Irrsinn ab.

Sam Raimi griff seinem Freund Becker hier unter die Arme und produzierte diesen kleinen Film, der dem Regisseur wohl ein Bedürfnis war, denn mit dem großen Erfolg konnte man angesichts der Geschichte und der Art, wie sie erzählt wird, kaum rechnen.

Alle hier vorgestellten Filme sind nicht nur Projekte, an denen sich Sam Raimi beteiligte, um Freunden zu helfen, sondern stellen auch einen kleinen Teil dessen dar, was Raimis filmisches Universum, das auch und gerade mit dem Weg zum Fernsehen immer umfangreicher wurde, ausmacht.

Anders als beispielsweise die Abenteuer von HERCULES, XENA oder JACK OF ALL TRADES sind diese Filme jedoch persönlichere Arbeiten, die Raimi unternahm, um sowohl eine Menge Spaß zu haben als auch Freunden bei ihren eigenen Visionen zu helfen.

Gerade diese Wechselwirkung aus Raimis Partizipation und den erfüllten Träumen und Vorstellungen seiner Freunde und Kollegen ist es, die diese vier Filme für Fans des Meisters so interessant macht.

www.ingramcontent.com/pod-product-compliance
Lightning Source LLC
Chambersburg PA
CBHW051505170526
45166CB00001B/400

* 9 7 8 1 4 9 2 2 3 0 0 8 3 *